GÜTERSLOHER
VERLAGSHAUS

Weitere Informationen
QR-Code scannen

Peter Helbich (Hg.)

Der Weg der Sehnsucht

Ein Jahreslesebuch

mit Texten von

Dietrich Bonhoeffer, Martin Buber,
Anselm Grün, Margot Käßmann,
Janusz Korczak, Odilo Lechner,
Karl Josef Wallner und Jörg Zink

Gütersloher Verlagshaus

Bibliografische Information der Deutschen Nationalbibliothek

Die Deutsche Nationalbibliothek verzeichnet diese Publikation in der Deutschen Nationalbibliografie; detaillierte bibliografische Daten sind im Internet über https://portal.dnb.de abrufbar.

MIX
Papier aus verantwortungsvollen Quellen
FSC® C006701
FSC
www.fsc.org

Verlagsgruppe Random House FSC-DEU-0100
Das für dieses Buch verwendete FSC-zertifizierte Papier
Munken Premium Cream liefert Arctic Paper Munkedals AB, Schweden.

Anmerkung zur Rechtschreibung und Zeichensetzung: Die Texte wurden in den meisten Fällen vorsichtig der neuen deutschen Rechtschreibung und Zeichensetzung angepasst. Bei Quellentexten, bei denen die Rechteinhaber auf möglichst originale Schreibweise Wert legen, sind da und dort auch Schreibung und Zeichensetzung des Originaltextes beibehalten worden, auch wenn dies in unseren heutigen Augen »falsch« ist.

1. Auflage

Umschlagmotiv: © Henner Damke – Fotolia.com
Satz: Satz!zeichen, Landesbergen
Druck und Einband: CPI – Ebner & Spiegel, Ulm
Printed in Germany
ISBN 978-3-579-06573-1

www.gtvh.de

Vorwort

Die Autoren dieses Lesebuches sind selbst den Weg der Sehnsucht gegangen. Inspiriert von der biblischen Botschaft haben sie niedergeschrieben, was an spirituellen Gedanken, Anregungen und Worten auf diesem Weg in ihr persönliches Leben Eingang gefunden hat. Dies geschah unter anderem durch die Lektüre der biblischen Schriften, in den Gottesdiensten mit Liturgie und Wortverkündigung, in der Eucharistiefeier, im Hören der geistlichen Musik, z. B. der gregorianischen Gesänge oder der Kantaten Johann Sebastian Bachs; aber auch beim Singen der alten und neuen Choräle und Lieder. Und nicht zuletzt im Zuspruch des göttlichen Segens, den sie im Namen des Vaters, des Sohnes und des Heiligen Geistes immer wieder empfangen haben.

Eines verbindet alle Autoren miteinander: Die Sehnsucht nach einem von Gott erfüllten Leben und nach einer tiefen und starken Spiritualität, die ihrem Leben auf Erden Kraft und Schönheit verleiht und die sie auf Wege und Zeichen des Ewigen inmitten aller vergänglichen Zeit hinweist. Durch diese Erfahrungen haben sie eine ganz andere Ausrichtung für ihren Alltag erhalten. Sie haben erfahren, dass ihre Sehnsucht Himmel und Erde verbindet.

Wir werden durch die Worte dieser Autoren in eine spirituelle Bewegung mit hineingenommen, die uns täglich begleitet und geistliche Lebensorientierung vermittelt. Ihre Texte, die ich für dieses Jahreslesebuch ausgewählt habe, laden zum verweilenden Nachdenken ein. Sie richten unsere Aufmerksamkeit auf die wesentlichen und entscheidenden Fragen, die uns im Leben und im Sterben bewegen. Letztlich aber ermutigen sie uns zum Vertrauen auf den Gott, der uns erschaffen hat, auf Jesus Christus, der uns zum Leben befreit, und auf den Heiligen Geist, der uns erleuchtet, mit Freude inspiriert und mit Hoffnung belebt.

Vellmar, im Sommer 2012 *Peter Helbich*

1. Januar

Gestalt Christi

Christus bleibt der einzige Gestalter. Nicht christliche Menschen gestalten mit ihren Ideen die Welt, sondern Christus gestaltet die Menschen zur Gleichgestalt mit ihm. Wie aber die Gestalt Christi dort verkannt wird, wo er wesentlich als der Lehrer für ein frommes und gutes Leben verstanden wird, so wäre auch die Gestaltung des Menschen falsch verstanden, wo man in ihr nur die Anweisung zu einem frommen und guten Leben sähe. Christus ist der Menschgewordene, der Gekreuzigte und der Auferstandene, als den ihn der christliche Glaube bekennt. In seine Gestalt verwandelt zu werden, ist der Sinn der Gestaltung, von der die Bibel spricht.

Dietrich Bonhoeffer

2. Januar

Wirklicher Mensch sein

Gleichgestaltet mit dem Menschgewordenen – das heißt wirklicher Mensch sein. Der Mensch soll und darf Mensch sein. Alles Übermenschentum, alles Bemühen über den Menschen in sich hinauszuwachsen, alles Heroentum, alles halbgöttliche Wesen fällt hier vom Menschen ab; denn es ist unwahr. Der wirkliche Mensch ist weder ein Gegenstand der Verachtung noch der Vergötterung, sondern ein Gegenstand der Liebe Gottes. Die Mannigfaltigkeit des Schöpferreichtums Gottes wird hier nicht durch falsche Uniformität, durch Zwingen des Menschen unter ein Ideal, einen Typus, unter ein bestimmtes Menschenbild, vergewaltigt. Der wirkliche Mensch darf in Freiheit das Geschöpf seines Schöpfers sein. Gleichgestaltet mit dem Menschgewordenen sein bedeutet der Mensch sein dürfen, der man in Wirklichkeit ist. Schein, Heuchelei, Krampf, Zwang etwas anderes, besseres, idealeres zu sein als man ist, ist hier abgetan. Gott liebt den wirklichen Menschen. Gott wurde wirklicher Mensch.

Dietrich Bonhoeffer

3. Januar

Träume sind der Kompass unseres Lebens

Ein Buch, ein Roman, ist eine Hilfe in unseren Träumen. Was ist ein Roman anderes als ein Strauß voller Träume, die vor dem Hintergrund der Wirklichkeit ersonnen sind? Was ist ein Dichter, ein Schriftsteller, wenn nicht ein Träumer, der seine Schwärmereien erträumt und zu Papier bringt? Nur dass seine Träume nicht einen, nicht zwei, sondern viele Menschen betreffen, seine Träume sind hell und klar.

Ja, meine Leser, auch ihr seid Schaffende, Dichter in euren Träumen, auch ihr schafft das, was nicht existiert, aber existieren kann, und wenn ihr wünscht, dass es wahr wird, strebt danach.

Träume – sie sind der Kompass unseres Lebens. Sie geben unseren Schritten die Richtung, weisen unsere Schritte. Wollen wir sie hüten, unsere Träume, wollen wir sie in einer unbeschmutzten Reinheit bewahren, sollen sie unsere reine Quelle, unser Schatz sein.

Denn ein Leben ohne Träume, wie eine Sonne ohne Strahlen, ein Regenbogen ohne lebhafte Farben wäre grau und traurig.

Janusz Korczak

4. Januar

Gottes Anfang

Wohl denen, die ohne Tadel leben, die im Gesetze des Herrn wandeln. (Psalm 119,1)

Wer so spricht, setzt den geschehenen Anfang voraus. Er gibt zu verstehen, dass das Leben mit Gott nicht nur und nicht wesentlich aus immer neuen Anfängen besteht. Er nennt es darum einen Wandel, ein Gehen im Gesetz Gottes. Damit bestätigt er den geschehenen Anfang, er lässt ihn gelten, er will nicht mehr hinter ihn zurück. Aufgrund des geschehenen Anfangs Gottes mit uns, ist unser Leben mit Gott ein Weg, der im Gesetz Gottes gegangen wird. Ist das Knechtung der Menschen unter das Gesetz? Nein, es ist Befreiung von dem mörderischen Gesetz der unaufhörlichen Anfänge.

Dietrich Bonhoeffer

5. Januar

Freudige Gewissheit

Einen Tag um den anderen auf den neuen Anfang zu warten, ihn unzählige Male gefunden zu haben meinen, um ihn am Abend wieder verloren zu geben, das ist die vollkommene Zerstörung des Glaubens an den Gott, der den Anfang einmal gesetzt hat, in seinem vergebenden und erneuernden Wort, in Jesus Christus, d. h. in meiner Taufe, in meiner Wiedergeburt, in meiner Bekehrung. Gott hat mich ein für allemal zu sich bekehrt, nicht ich habe mich ein für allemal zu Gott bekehrt. Gott hat den Anfang gesetzt, das ist die freudige Gewissheit des Glaubens. Darum soll ich nicht neben den einen Anfang Gottes, noch zahllose eigene Anfänge zu setzen versuchen. Gerade davon bin ich befreit, der Anfang liegt ein für allemal hinter mir, Gottes Anfang nämlich.

Dietrich Bonhoeffer

6. Januar

Auf dem Weg

So werden wir angeredet als solche, die mit dem Psalmisten auf dem Wege sind. Die Frage, ob es denn auch wahr sei, ob sich denn der rechte Anfang bei uns auch ereignet habe, wird grundsätzlich nicht mehr gestellt; denn sie triebe uns in fruchtlose Furcht. Wir sollen uns nun einmal als solche verstehen lernen, die auf den Weg gestellt sind und nun nicht mehr anders können als ihn auch zu gehen. Es hat darum seinen guten Grund, einmal von dem Anfang ausdrücklich nicht mehr zu reden, sondern ihn als geschehen schlechthin vorauszusetzen, ihn undiskutabel zu machen und gerade damit den Menschen von diesem Anfang her in entscheidender Weise in Anspruch zu nehmen.

Wer aus dem Suchen nach dem neuen Anfang nicht herauskommt, der ist unter dem Gesetz, wird von ihm aufgerieben und getötet. Wer von dem gefundenen Anfang herkommt, der ist im Gesetz Gottes, wird von ihm gehalten und bewahrt werden zum Leben.

Dietrich Bonhoeffer

7. Januar

Arbeit für eine bessere Zukunft

Es gibt Menschen, die es für unernst, Christen, die es für unfromm halten, auf eine bessere irdische Zukunft zu hoffen und sich auf sie vorzubereiten. Sie glauben an das Chaos, die Unordnung, die Katastrophe als den Sinn des gegenwärtigen Geschehens und entziehen sich in Resignation oder frommer Weltflucht der Verantwortung für das Weiterleben, für den neuen Aufbau, für die kommenden Geschlechter. Mag sein, dass der Jüngste Tag morgen anbricht, dann wollen wir gern die Arbeit für eine bessere Zukunft aus der Hand legen, vorher aber nicht.

Dietrich Bonhoeffer

8. Januar

Der Anfang des Tages

Der Anfang des Tages soll für den Christen nicht schon belastet und bedrängt sein durch das Vielerlei des Werktages. Über dem neuen Tag steht der Herr, der ihn gemacht hat. Alle Finsternis und Verworrenheit der Nacht mit ihren Träumen weicht allein dem klaren Licht Jesu Christi und seines erweckenden Wortes. Vor ihm flieht alle Unruhe, alle Unreinheit, alle Sorge und Angst. Darum mögen in der Frühe des Tages die mancherlei Gedanken und die vielen unnützen Worte schweigen, und der erste Gedanke und das erste Wort möge dem gehören, dem unser ganzes Leben gehört.

Dietrich Bonhoeffer

9. Januar

Gemeinsame Andacht

Zur gemeinsamen Andacht des Morgens gehört Schriftlesung, Lied und Gebet. So mannigfach die Gemeinschaften sind, so mannigfach wird sich die Morgenandacht gestalten. Das muss so sein. Eine Hausgemeinschaft mit Kindern braucht eine andere Andacht als eine Gemeinschaft von Theologen, und es ist keineswegs gesund, wenn sich hier eines an das andere angleicht, also wenn sich z. B. eine Theologenbruderschaft mit einer Hausandacht für Kinder begnügt. Zu jeder gemeinsamen Andacht aber gehört das Wort der Schrift, das Lied der Kirche und das Gebet der Gemeinschaft.

Dietrich Bonhoeffer

10. Januar

Morgengebet

Gott, zu dir rufe ich am frühen Morgen
hilf mir beten und meine Gedanken sammeln;
ich kann es nicht allein

In mir ist es finster, aber bei dir ist Licht
ich bin einsam, aber du verlässt mich nicht
ich bin kleinmütig, aber bei dir ist die Hilfe
ich bin unruhig, aber bei dir ist Frieden
in mir ist Bitterkeit, aber bei dir ist die Geduld
ich verstehe deine Wege nicht,
aber du weißt den rechten Weg für mich.

Dietrich Bonhoeffer

11. Januar

Vater im Himmel

Vater im Himmel,
Lob und Dank sei dir für die Ruhe der Nacht
Lob und Dank sei dir für den neuen Tag
Lob und Dank sei dir für alle deine Güte und Treue
in meinem vergangenen Leben.
Du hast mir viel Gutes erwiesen,
lass mich nun auch das Schwere
aus deiner Hand hinnehmen.
Du wirst mir nicht mehr auferlegen, als ich tragen kann.
Du lässt deinen Kindern alle Dinge zum besten dienen.

Dietrich Bonhoeffer

12. Januar

Du kennst alle Not

Herr Jesus Christus,
du warst arm und elend, gefangen und verlassen wie ich.
Du kennst alle Not der Menschen,
du bleibst bei mir, wenn kein Mensch mir beisteht
du vergisst mich nicht und suchst mich,
du willst, dass ich dich erkenne und mich zu dir kehre
Herr, ich höre deinen Ruf und folge.
Hilf mir!

Dietrich Bonhoeffer

13. Januar

Heiliger Geist

Heiliger Geist,
gib mir den Glauben,
der mich vor Verzweiflung und Laster rettet
Gib mir die Liebe zu Gott und den Menschen,
die allen Hass und alle Bitterkeit vertilgt,
gib mir die Hoffnung,
die mich befreit von Furcht und Verzagtheit.
Lehre mich Jesus Christus erkennen und seinen Willen tun.

Dietrich Bonhoeffer

14. Januar

Was dieser Tag auch bringt

Dreieiniger Gott,
mein Schöpfer und mein Heiland,
dir gehört dieser Tag. Meine Zeit steht in deinen Händen.
Heiliger, barmherziger Gott
mein Schöpfer und mein Heiland
mein Richter und mein Erretter
du kennst mich und alle meine Wege und Tun.
Du hasst und strafst das Böse in dieser und in jener Welt
ohne Ansehen der Person,
du vergibst Sünden,
dem der dich aufrichtig darum bittet
und du liebst das Gute und lohnst es
auf dieser Erde mit getrostem Gewissen
und in der künftigen Welt mit der Krone der Gerechtigkeit.
Vor dir denke ich an all die Meinen,
an die Mitgefangenen und an alle
die in diesem Haus ihren schweren Dienst tun.
Herr erbarme dich
Schenk mir die Freiheit wieder
und lass mich derzeit so leben,
wie ich vor dir und vor den Menschen verantworten kann.
Herr, was dieser Tag auch bringt – dein Name sei gelobt.

Dietrich Bonhoeffer

15. Januar

Abendgebet

Herr mein Gott,
ich danke dir, dass du diesen Tag zu Ende gebracht hast,
ich danke dir, dass du Leib und Seele
zur Ruhe kommen lässt.
Deine Hand war über mir und hat mich behütet und bewahrt.
Vergib allen Kleinglauben und alles Unrecht dieses Tages
und hilf dass ich gern denen vergebe,
die mir unrecht getan haben
Lass mich in Frieden unter deinem Schutze schlafen
und bewahre mich vor den Anfechtungen der Finsternis.
Ich befehle dir die Meinen,
ich befehle dir dieses Haus,
ich befehle dir meinen Leib und meine Seele
Gott, dein heiliger Name sei gelobt.
Amen.

Dietrich Bonhoeffer

16. Januar

Du kannst vertrauen

Wenn du bereit bist zu glauben, wird deine Welt größer, und im Vertrauen auf viele Kräfte, von denen du weißt, kannst du vertrauen, auch wo du nichts siehst. Du kannst deiner Sache sicher sein, auch wenn du keine Beweise hast. Du siehst offenen Auges in eine Welt der unübersichtlichen Tatsachen und weißt dabei, dass du geführt wirst. Du kannst darauf vertrauen, dass dein Leben gelingen und zu einem guten Ende führen wird, auch wenn du das nicht erzwingen kannst. Denn dein Glaube ist nicht der Traum, der dir dein Leben leichter macht, sondern die Grundlage für ein Leben, das diesen Namen verdient. Glauben heißt, im Schutz einer Macht zu stehen, die wir Gott nennen.

Vielleicht erlebst du irgendwann, dass alle deine Hoffnungen scheitern, dass dir alles, was dir wert und lieb ist, zwischen den Fingern zerrinnt, dass dir alles misslingt, was du doch so gut gemeint hattest. Dann heißt glauben darauf vertrauen, dass es neue Anfänge gibt, auch für ein gescheitertes Leben.

Jörg Zink

17. Januar

Was dein Leben lebendig macht

Wenn du glaubst, gehst du deinen Weg und machst deine Erfahrungen. Und du bewahrst sie. Du schaust auf das schon gegangene Stück deines Weges dankbar zurück. Du schaust mit Vertrauen auf das kommende. Du weißt, dass der ganze Lauf deines Lebens in einer guten Hand bewahrt ist. Du lässt dir von Sorgen und Ängsten nicht den Mut abkaufen. Du bewahrst deine Leichtigkeit und deinen Humor, wenn du sagen willst, was groß und was klein ist, wichtig und unwichtig. Glauben ist eine Kraft, die alles weckt, was das Leben lebendig macht. Mir ist einfach wichtig, ob in mir etwas Lebendiges ist. Ob sich in mir noch etwas sehnt. Ob ich noch Träume und Hoffnungen und Zukunftsbilder habe. Ob in mir noch etwas brennt wie ein Feuer. Oder anders gesagt, ob meine Seele noch Flügel hat. Ob ich mich noch freuen kann, ob ich staunen, ob ich von Herzen an etwas teilnehmen kann. Ob ich mich frei fühlen kann und tun, was jetzt getan werden muss. Mir ist wichtig, wie und was und an wen ich glaube.

Jörg Zink

18. Januar

Nicht Getanes tun, sondern das zu Tuende

Ein Chassid fragte den Zloczower Maggid: »Es heißt: ›Jeder in Israel ist verpflichtet zu sprechen: Wann wird mein Werk an die Werke meiner Väter, Abraham, Isaak und Jakob, reichen?‹ Wie ist das zu verstehen? Wie dürften wir uns erkühnen zu denken, dass wir es den Vätern gleichzutun vermöchten?« Der Maggid erklärte: »Wie die Väter neuen Dienst stifteten, jeder neuen Dienst nach seiner Eigenschaft, der eine den der Liebe, der andre den der Stärke, der dritte den der Pracht, so sollen wir, ein jeder von uns nach seiner eignen Art, im Licht der Lehre und des Dienstes Erneuerung stiften und nicht Getanes tun, sondern das zu Tuende.«

Martin Buber

19. Januar

Jeder Einzelne ist ein neues Ding in der Welt

Mit jedem Menschen ist etwas Neues in die Welt gesetzt, was es noch nicht gegeben hat, etwas Ernstes und Einziges. »Pflicht ist es jedermanns in Israel zu wissen und zu bedenken, dass er in der Welt einzig in seiner Beschaffenheit ist, und es ist noch kein ihm Gleicher auf der Welt gewesen, denn wäre schon ein ihm Gleicher auf der Welt gewesen, er brauchte nicht auf der Welt zu sein. Jeder Einzelne ist ein neues Ding in der Welt, und er soll seine Eigenschaft in dieser Welt vollkommen machen. Denn wahrlich: dass dies nicht geschieht, das ist's, was das Kommen des Messias verzögert.«

Dieses Einzige und Einmalige ist es, was jedem vor allem auszubilden und ins Werk zu setzen aufgetragen ist, nicht aber, noch einmal zu tun, was ein anderer, und sei es der größte, schon verwirklicht hat.

Martin Buber

20. Januar

Warum bist du nicht Sussja gewesen?

Der weise Rabbi Bunam sagte einmal im Alter, als er schon erblindet war: »Ich möchte nicht mit Vater Abraham tauschen. Was hätte Gott davon, wenn der Erzvater Abraham wie der blinde Bunam würde und der blinde Bunam wie Abraham?« Und mit noch größerer Eindringlichkeit ist dasselbe von Rabbi Sussja ausgesprochen worden, als er kurz vor dem Tode sagte: »In der kommenden Welt wird man mich nicht fragen: ›Warum bist du nicht Mose gewesen?‹ Man wird mich fragen: ›Warum bist du nicht Sussja gewesen?‹«

Martin Buber

21. Januar

Viele Wege

Wir haben hier eine Lehre vor uns, die auf der Tatsache aufgebaut ist, dass die Menschen in ihrem Wesen ungleich sind, und die demgemäß sie nicht gleichmachen will. Alle Menschen haben Zugang zu Gott, aber jeder einen andern. Gerade in der Verschiedenheit der Menschen, in der Verschiedenheit ihrer Eigenschaften und ihrer Neigungen liegt die große Chance des Menschengeschlechts. Gottes Allumfassung stellt sich in der unendlichen Vielheit der Wege dar, die zu ihm führen, und von denen jeder einem Menschen offen ist. Als etliche Schüler eines verstorbenen Zaddiks zum »Seher« von Lublin kamen und sich darüber wunderten, dass er andere Bräuche als die ihres Lehrers hatte, rief er: »Was wäre das für ein Gott, der nur einen einzigen Weg hätte, auf dem man ihm dienen kann!« Aber indem jeder Mensch von seinem Punkt aus, von seinem Wesen aus zu Gott zu kommen vermag, vermag, auf allen Wegen vordringend, das Menschengeschlecht als solches zu ihm zu kommen.

Martin Buber

22. Januar

Weg zu Gott

Gott sagt nicht: »Das ist ein Weg zu mir, das aber nicht«, sondern er sagt: »Alles, was du tust, kann ein Weg zu mir sein, wenn du es nur so tust, dass es dich zu mir führt.« Was aber dies ist, das eben dieser Mensch und kein anderer tun kann und tun soll, kann ihm nur aus ihm selber offenbar werden. Hier kann, wie gesagt, nur irreführen, wenn einer darauf schaut, wie weit es ein anderer gebracht hat, und es ihm nachzutun trachtet; denn dabei entgeht ihm eben, wozu er und nur er allein berufen ist. Der Baalschem sagt: »Jedermann soll sich seiner Stufe entsprechend verhalten. Geschieht dem aber nicht so: wer die Stufe seines Gefährten erfasst und seine eigne fahren lässt, diese und jene werden durch ihn nicht verwirklicht werden.«

Martin Buber

23. Januar

In jedermann ist etwas Kostbares

Auf welchem Weg ein Mensch zu Gott gelangt, kann somit nichts anderes ihm sagen als die Erkenntnis seines eigenen Wesens, die Erkenntnis seiner wesentlichen Eigenschaft und Neigung. »In jedermann ist etwas Kostbares, das in keinem andern ist.« Was aber an einem Menschen »kostbar« ist, kann er nur entdecken, wenn er sein stärkstes Gefühl, seinen zentralen Wunsch, das in ihm, was sein Innerstes bewegt, wahrhaft erfasst.

Martin Buber

24. Januar

Vom Segen Gottes lebt die Welt

Vom Segen Gottes und der Gerechten lebt die Welt und hat sie eine Zukunft. Segnen, das heißt die Hand auf etwas legen und sagen: du gehörst trotz allem Gott. So tun wir es mit der Welt, die uns solches Leiden zufügt. Wir verlassen sie nicht, wir verwerfen, verachten, verdammen sie nicht, sondern wir rufen sie zu Gott, wir geben ihr Hoffnung, wir legen die Hand auf sie und sagen: Gottes Segen komme über dich, er erneuere dich, sei gesegnet, du von Gott geschaffene Welt, die du deinem Schöpfer und Erlöser gehörst. Wir haben Gottes Segen empfangen in Glück und in Leiden. Wer aber selbst gesegnet wurde, der kann nicht mehr anders als diesen Segen weitergeben, ja er muss dort, wo er ist, ein Segen sein. Nur aus dem Unmöglichen kann die Welt erneuert werden, und das Unmögliche ist der Segen Gottes.

Dietrich Bonhoeffer

25. Januar

Das Leben planen

Wir sind aufgewachsen in der Erfahrung unserer Eltern und Großeltern, der Mensch könne und müsse sein Leben selbst planen, aufbauen und gestalten, es gebe ein Lebenswerk, zu dem der Mensch sich zu entschließen und das er dann mit ganzer Kraft auszuführen habe und auch vermöge. Es ist aber unsere Erfahrung geworden, dass wir nicht einmal für den kommenden Tag zu planen vermögen, dass das Aufgebaute über Nacht zerstört wird und unser Leben im Unterschied zu dem unserer Eltern gestaltlos oder doch fragmentarisch geworden ist. Ich kann trotzdem nur sagen, dass ich nicht in einer anderen Zeit leben wollte als in der unseren, auch wenn sie über unser äußeres Glück hinwegschreitet. Deutlicher als in anderen Zeiten erkennen wir, dass die Welt in den zornigen und gnädigen Händen Gottes ist.

Dietrich Bonhoeffer

26. Januar

Die Seele bewahren

Wir werden unser Leben mehr zu tragen als zu gestalten haben, wir werden mehr hoffen als planen, mehr ausharren als voranschreiten. Aber wir wollen Euch Jüngeren, der neugeborenen Generation, die Seele bewahren, aus deren Kraft Ihr ein neues und besseres Leben planen, aufbauen und gestalten sollt.

Dietrich Bonhoeffer

27. Januar

Stationen auf dem Weg zur Freiheit: Zucht

Ziehst du aus, die Freiheit zu suchen, so lerne vor allem
Zucht der Sinne und deiner Seele, dass die Begierden
und deine Glieder dich nicht bald hierhin, bald dorthin führen.
Keusch sei dein Geist und dein Leib, gänzlich dir selbst unterworfen,
und gehorsam, das Ziel zu suchen, das ihm gesetzt ist.
Niemand erfährt das Geheimnis der Freiheit, es sei denn durch Zucht.

Dietrich Bonhoeffer

28. Januar

Stationen auf dem Weg zur Freiheit: Tat

Nicht das Beliebige, sondern das Rechte tun und wagen,
nicht im Möglichen schweben, das Wirkliche tapfer ergreifen,
nicht in der Flucht der Gedanken, allein in der Tat ist die Freiheit.
Tritt aus ängstlichem Zögern heraus in den Sturm des Geschehens
nur von Gottes Gebot und deinem Glauben getragen,
und die Freiheit wird deinen Geist jauchzend umfangen.

Dietrich Bonhoeffer

29. Januar

Stationen auf dem Weg zur Freiheit: Leiden

Wunderbare Verwandlung. Die starken, tätigen Hände
sind dir gebunden. Ohnmächtig einsam siehst du das Ende
deiner Tat. Doch atmest du auf und legst das Rechte
still und getrost in stärkere Hand und gibst dich zufrieden.
Nur einen Augenblick berührtest du selig die Freiheit,
dann übergabst du sie Gott, damit er sie herrlich vollende.

Dietrich Bonhoeffer

30. Januar

Stationen auf dem Weg zur Freiheit: Tod

Komm nun, höchstes Fest auf dem Wege zur ewigen Freiheit,
Tod, leg nieder beschwerliche Ketten und Mauern
unsres vergänglichen Leibes und unsrer verblendeten Seele,
dass wir endlich erblicken, was hier uns zu sehen missgönnt ist.
Freiheit, dich suchten wir lange in Zucht und in Tat und in Leiden.
Sterbend erkennen wir nun im Angesicht Gottes dich selbst.

Dietrich Bonhoeffer

31. Januar

Der Ort, wo man steht

Es gibt etwas, was man an einem einzigen Ort in der Welt finden kann. Es ist ein großer Schatz, man kann ihn die Erfüllung des Daseins nennen. Und der Ort, an dem dieser Schatz zu finden ist, ist der Ort, wo man steht.

Martin Buber

1. Februar

Erfüllung des Daseins

Die meisten von uns gelangen nur in seltenen Augenblicken zum vollständigen Bewusstsein der Tatsache, dass wir die Erfüllung des Daseins nicht zu kosten bekommen haben, dass unser Leben am wahren erfüllten Dasein nicht teilhat, dass es gleichsam am wahren Dasein vorbei gelebt wird. Dennoch fühlen wir den Mangel immerzu, in irgendeinem Maße bemühen wir uns, irgendwo das zu finden, was uns fehlt. Irgendwo in irgendeinem Bezirk der Welt oder des Geistes, nur nicht da, wo wir stehen, da, wo wir hingestellt worden sind – gerade da und nirgendwo anders aber ist der Schatz zu finden.

Martin Buber

2. Februar

Hier ist meine Aufgabe

Die Umwelt, die ich als die natürliche empfinde, die Situation, die mir schicksalhaft zugeteilt ist, was mir Tag um Tag begegnet, was mich Tag um Tag anfordert, hier ist meine wesentliche Aufgabe und hier die Erfüllung des Daseins, die mir offen steht. – Von einem talmudischen Lehrmeister ist überliefert, die Bahnen des Himmels seien ihm erhellt gewesen wie die Straßen seiner Heimatstadt Nehardea. Der Chassidismus kehrt den Spruch um: größer ist es, wenn einem die Straßen der Heimatstadt erhellt sind wie die Bahnen des Himmels. Denn hier, wo wir stehen, gilt es das verborgene göttliche Leben aufleuchten zu lassen.

Martin Buber

3. Februar

Unser Schatz

Und hätten wir Macht über die Enden der Erde, wir würden an erfülltem Dasein nicht erlangen, was uns die stille hingegebene Beziehung zur lebendigen Nähe geben kann. Und wüssten wir um die Geheimnisse der oberen Welten, wir hätten nicht so viel wirklichen Anteil am wahren Dasein, als wenn wir im Gang unsres Alltags ein uns obliegendes Werk mit heiliger Intention verrichten. Unterm Herd unsres Hauses ist unser Schatz vergraben.

Martin Buber

4. Februar

Das wahre, erfüllte Dasein

Der Baalschem lehrt, dass keine Begegnung mit einem Wesen oder einem Ding im Gang unsres Lebens einer geheimen Bedeutung enträt. Die Menschen, mit denen wir leben oder je und je zusammentreffen, die Tiere, die uns in unsrer Wirtschaft helfen, der Boden, den wir bebauen, die Naturstoffe, die wir verarbeiten, die Geräte, deren wir uns bedienen, alles birgt eine heimliche Seelensubstanz, die auf uns angewiesen ist, um zu ihrer reinen Gestalt, zu ihrer Vollendung zu gelangen. Vernachlässigen wir diese uns auf unseren Weg geschickte Seelensubstanz, sind wir nur auf die jeweiligen Zwecke bedacht, ohne eine echte Beziehung zu den Wesen und Dingen zu entfalten, an deren Leben wir teilnehmen sollen wie sie an dem unsern, dann versäumen wir selber das wahre, erfüllte Dasein.

Martin Buber

5. Februar

Wo suchen die Menschen das Glück?

Wo suchen die Menschen das Glück? *Dort, wo es niemals ist.* Nämlich im Reichtum, in der Befriedigung des eigenen Ehrgeizes, darin, dass sie bei Nachbarn und Bekannten Bewunderung wecken. Sie meinen, Reichtum könnte ihnen alles geben, was Glück schafft. Also »tritt ihnen der Schweiß auf die Stirn, Dornen zerkratzen ihnen die Füße«, und dennoch, ohne auf ihre zerrüttete Gesundheit zu achten, auf die vielen nervenaufreibenden Anstrengungen, die bitteren Enttäuschungen, immer weiter jagen sie blindlings ... dem Gold hinterher.

Janusz Korczak

6. Februar

Glücklich sein

Die einen haben nicht genug Kraft, um Geld zu sparen, sie geben es aus, weil sie vor der Zeit einen Vorgeschmack dessen haben wollen, was ihnen Fortuna gibt. Andere haben zu wenig Geschick, zu wenig Kraft, um sich im Existenzkampf bis in die vordersten Reihen zu drängen. Deshalb sind sie verbittert, missmutig, von Neid durchdrungen – eine elende Existenz. Andere schließlich erlangen unter Einsatz großer Opfer den ersehnten Reichtum. Und sie sehen erstaunt, dass es nicht das ist, was sie gesucht haben. Sie wollten glücklich sein, aber sie sind nur reich.

Janusz Korczak

7. Februar

Meine kleine Aufgabe tun

Es gibt noch eine andere Gruppe von Menschen: diejenigen, die »in der eigenen Brust« das Glück suchen. Sie lieben aufrichtig und herzlich ihre Familie, bemühen sich, Gutes zu tun, tun ihre kleine Aufgabe, erfüllen ihre Pflichten, wo und so oft sie können; sie handeln, arbeiten, lieben – und sind glücklich; ihr Glück ist nicht das, das die Bewunderung der Welt erregt, sondern ein Glück, das sich schamhaft vor dem Blick des neugierigen Zuschauers verbirgt.

Janusz Korczak

8. Februar

Ziel des Lebens

Ich habe einen armen Menschen gesehen, der immer ein heiteres Gesicht hatte; ich habe einen im Überfluss schwimmenden Menschen gesehen, dessen Gesicht immer düster war. Der erste lobte das Leben, der zweite redete immer vom Tod. Der Arme war glücklich, der Reiche unglücklich.

Ich wunderte mich, mir war so etwas unverständlich ...

Oft hört man immer wieder einen bestimmten Gedanken, einen Satz, ein Sprichwort, manchmal einen Ausdruck, der plötzlich eine ganz andere Bedeutung gewinnt; es ist, als bilde sich ein Körper um ein Skelett, als würde eine Marmorstatue lebendig, als begänne ein Bildnis zu sprechen. *Ein Ziel im Leben gibt das Glück;* wir wissen das, wir haben es nicht selten gehört; aber hören und sehen – das ist nicht viel. Solche Wahrheiten muss man in ihrer Tiefe erfahren.

Janusz Korczak

9. Februar

Ein Ziel im Leben gibt das Glück

Ja, ein Ziel im Leben gibt das Glück; aber das Ziel im Leben kann die *Arbeit* für andere sein, niemals für sich selbst, können die *Gedanken* um das Glück der anderen und niemals um das eigene Glück sein. Wer sich in seine eigenen Gedanken und Gefühle vergräbt, in seine eigenen Freuden und Kümmernisse; wer seine Seele betrachtet, als sei sie die ganze Welt; wer das ganze Leben in düsteren Farben sieht, weil er selbst krank ist oder es ihm nicht gut geht – der verdient Mitleid, denn er wird nie die mächtige Regung des Glücks erfahren.

Janusz Korczak

10. Februar

Mehr und mehr Mensch sein

Denn so wie der Mensch für sein Brot arbeitet, so richtet auch der Baum seine Wurzeln tief in die Erde, wo es mehr lebensspendende Materie gibt; er entwickelt Äste und bedeckt sich mit Blättern, um mehr Feuchtigkeit und Kohlensäure aus der Luft aufnehmen zu können. Und in der Hitze lässt die Pflanze ihre Blätter hängen, damit sie nicht austrocknen, und sie erdrückt die Pflanzen, die schwächer sind als sie, nimmt ihnen Licht und Wärme, sie kämpft um ihren Vorteil; auch sie denkt, wenn man so sagen kann, an sich und arbeitet für sich.

Allein der Mensch besitzt die Fähigkeit, an andere zu denken, für das Wohl anderer zu arbeiten; und nur *die* Menschen sind Menschen, die von dieser Begabung ihrer Seele profitieren; die anderen – sind Menschen-Pflanzen. Und so sonderbar dieser Vergleich beim ersten Hinschauen auch scheinen mag, so sehr ist er doch wahr. Versuchen wir, Mensch zu sein, mehr und mehr Mensch.

Janusz Korczak

11. FEBRUAR

Der Empfang der Gnade

Christus kommt zwar und bahnt sich seinen Weg, ob der Mensch dafür bereit ist oder nicht. Sein Kommen kann niemand hindern, aber seinem Kommen in Gnade können wir uns entgegenstellen. Es gibt Zustände des Herzens, des Lebens und der Welt, die das Empfangen der Gnade in besonderer Weise hindern, das heißt die das Glaubenkönnen unendlich erschweren. Wir sagen: erschweren, hindern, aber nicht: unmöglich machen; und wir wissen auch wohl, dass selbst der geebnete Weg, die Beseitigung der Hindernisse die Gnade nicht herbeizwingen kann, dass vielmehr auch das gnädige Kommen Christi immer noch »eherne Türen zerbrechen und eiserne Riegel zerschlagen« muss, dass die Gnade sich zuletzt ihren Weg immer selbst bahnen und ebnen muss, dass sie allein und immer wieder das Unmögliche möglich machen muss. Aber dies alles entbindet uns nicht davon, dem Kommen der Gnade den Weg zu bereiten, wegzutun, was es hindert und erschwert. Es ist nicht gleichgültig, in welchem Zustand uns die Gnade antrifft, wenn es auch allemal nichts als Gnade ist, dass sie zu uns kommt.

DIETRICH BONHOEFFER

12. Februar

Zum Glauben kommen

Wir können es uns und anderen schwer machen, zum Glauben zu kommen. Schwer ist es dem in äußerste Schande, Verlassenheit, Armut, Hilflosigkeit Gestoßenen an Gottes Gerechtigkeit und Güte zu glauben; schwer wird es dem, dessen Leben in Unordnung und Zuchtlosigkeit geraten ist, die Gebote Gottes im Glauben zu hören; schwer ist es dem Satten und Mächtigen, Gottes Gericht und Gottes Gnade zu fassen; schwerlich findet ein durch Irrglauben Enttäuschter und innerlich zum Zuchtlosen Gewordener zu der Einfalt der Herzenshingabe an Jesus Christus. Das ist nicht den Betroffenen zur Entschuldigung und zur Entmutigung gesagt. Sie müssen vielmehr wissen, dass gerade in die Tiefe des Falls, der Schuld, der Not Gott sich herabbeugt in Jesus Christus, dass gerade dem Entrechteten, Erniedrigten, Ausgebeuteten das Recht und die Gnade Gottes besonders nahe ist, dass dem Zuchtlosen sich die Hilfe und Kraft Jesu Christi anbietet, dass den Irrenden und Verzweifelnden die Wahrheit wieder auf festen Grund stellen will.

Dietrich Bonhoeffer

13. Februar

Um der Liebe Christi willen

Alles dies aber schließt die Aufgabe der Wegbereitung nicht aus. Sie ist vielmehr ein Auftrag von unermesslicher Verantwortung für alle, die vom Kommen Jesu Christi wissen. Der Hungernde braucht Brot, der Obdachlose Wohnung, der Entrechtete Recht, der Vereinsamte Gemeinschaft, der Zuchtlose Ordnung, der Sklave Freiheit. Es wäre eine Lästerung Gottes und des Nächsten den Hungernden hungrig zu lassen, weil gerade der tiefsten Not Gott am nächsten sei. Um der Liebe Christi willen, die dem Hungernden gehört wie mir, brechen wir das Brot mit ihm, teilen wir die Wohnung. Wenn der Hungernde nicht zum Glauben kommt, so fällt die Schuld auf die, die ihm das Brot verweigerten. Dem Hungernden Brot verschaffen ist Wegbereitung für das Kommen der Gnade.

Dietrich Bonhoeffer

14. Februar

Freude am Glauben

Spiritualität sollte mit einer gewissen Leichtigkeit des Herzens angegangen werden. In manchen Bereichen droht Spiritualität auch gesetzliche Züge anzunehmen, wenn Druck entsteht, etwa die sieben Fastenwochen einzuhalten, oder wenn bestimmte Übungen zu festgelegten Zeiten zwanghaft werden. Sicher gehört zur spirituellen Übung auch eine gewisse Disziplin und Regelmäßigkeit. Aber vor allem gehören zur Spiritualität die Freude am Glauben und die Liebe zu Gott. Die innere Freiheit, auch mit Heiterkeit auf sich selbst zu blicken, hat durchaus Raum in der Spiritualität.

Margot Käßmann

15. Februar

Verlässlichkeit

Jeder Mensch, auch wenn er sagt, er komme ohne Religion aus, hat irgendeine Religion – sofern er überhaupt über das Leben nachdenkt. Wenn Ihnen aber jemand eben dies sagt, er komme ohne Religion aus, so geben Sie ihm Recht. Er hat vermutlich eine Religion, ohne die man auskommen kann. Denn wenn einer behauptet, er glaube nichts, so täuscht er sich. Niemand lebt von dem, was er sehen und beweisen kann. Niemand kann etwas planen oder tun, wenn er nicht glauben will, die Zukunft werde so sein, dass er seine Pläne ausführen kann. Niemand kann einen Menschen lieben, wenn er nicht glauben will, denn der andere kann ihm auf keine Art beweisen, dass er seine Liebe ernst meint. Es gibt keine Liebesbeweise. Wer nicht glauben will, kann mit keinem Menschen zusammen leben oder zusammen arbeiten. Er muss von Tag zu Tag auf seine Verlässlichkeit vertrauen. Wer morgen etwas tun will, glaubt, dass er morgen noch lebt. Eine Welt aber, die so ist, dass mir niemand glaubt, es sei wahr, was ich sage, und es sei ehrlich gemeint, was ich tue, ist die Hölle.

Jörg Zink

16. Februar

Ruhe finden

Meditieren können wir mit anderen oder allein. In einer Kirche im kleinen Kreis sitzen, einen biblischen Text lesen und darüber nachdenken, das kann eine tiefe gemeinsame Erfahrung sein. Aber auch ein Meditationsbänkchen vor einem Kreuz oder einem Bild bei sich zu Hause eignet sich sehr gut, finde ich. Wir meditieren dann das Bild oder das biblische Wort, das wir mitnehmen.

Hilfreich sind erfahrungsgemäß feste Zeiten für die Meditation. Es muss nicht lang sein, es muss nicht täglich sein, aber eine klare Zeit freihalten, das ist wichtig. Wir können nicht mal eben schnell aus dem Alltag aussteigen, eine Runde meditieren und weiter geht es. Ruhe zu finden braucht Zeit und Rhythmus. Mich erschreckt manchmal, wie schwer es ist, loszulassen, alles, was im Kopf ist, beiseite zu schieben. Das kann ich erst, wenn ich mir wirklich Zeit dafür eingeräumt habe. Ich selbst meditiere am liebsten ein Bibelwort. Einen Psalm lesen oder die tägliche Bibellese, sich auf den Meditationsschemel knien vor einem Kreuz und sich 25 Minuten Zeit nehmen, das ist für mich eine gute Form.

Margot Käßmann

17. Februar

Schweigen

Schweigen ist für viele eine schwere Übung geworden. Immer und immer wieder fassen wir in Worte, reden über vieles, auch über viel Überflüssiges. Schweigen ist schwer zu lernen. Es gibt auch Menschen, die zu viel schweigen, weil sie einsam sind, weil niemand mit ihnen spricht. Solches Schweigen ist wohl kaum je eine spirituelle Erfahrung. Es geht vielmehr um eine bewusste Entscheidung, für eine bestimmte Zeit nicht zu sprechen, einmal einen Tag ganz allein zu verbringen, schweigend beispielsweise. Eine solche Entscheidung führt oft auch zu tieferer Selbstreflexion. Wir hören auf, alles ständig und dauernd in Worte zu fassen, wir sind bei uns selbst.

Margot Käßmann

18. Februar

Wahrheit

Die griechische Philosophie hat das abendländische Wahrheitsverständnis geprägt. Das griechische Wort für Wahrheit »aletheia« meint: Unverborgenheit. Lethe heißt das Vergessen. Wenn das Wesen der Dinge dem Vergessen entrissen wird, wenn das Eigentliche offenbar wird, dann geschieht Wahrheit. Die Erfahrung, die hinter diesem Wort steckt, ist wohl: Wir leben zwar in dieser Welt. Aber was die Welt ist, das ist uns nicht bewusst. Wir sehen die Dinge dieser Welt, die Bäume, die Blumen, die Tiere, die Menschen. Aber das, was hinter allem liegt, das bleibt uns fremd. Das Wesen der Dinge ist uns verborgen. Wahrheit meint nun, dass sich die Dinge uns offenbaren, dass wir erkennen, was mit allem, was uns in der Welt begegnet, gemeint ist.

Anselm Grün

19. Februar

Weg zur Wahrheit

Das johanneische Wahrheitsverständnis gipfelt in dem Satz Jesu: »Ich bin der Weg und die Wahrheit und das Leben.« (Joh 14,6) Wer auf Jesus schaut, der erkennt die Wahrheit, dem lichten sich alle Schleier. Das Sein wird ihm offenbar. Aber zugleich ist die Wahrheit auch Leben und Weg. Wir können die Wahrheit nicht besitzen. Indem wir vielmehr den Weg gehen, der Jesus selbst ist, geht uns die Wahrheit auf und in der Wahrheit das Leben.

Anselm Grün

20. Februar

Weg zum Leben

Wer in der Wahrheit ist, der erkennt einen Weg, wie sein Leben gelingt. Und er erfährt wahres Leben, ein Leben, das diesen Namen wirklich verdient. Ohne Christus lebt der Mensch in Unwissenheit. Er existiert nur, aber er lebt nicht wirklich. Jesus sagt nicht die Wahrheit, er ist die Wahrheit. In ihm offenbart sich Gott in seiner Liebe und Herrlichkeit. Man kann dieses Wort aber auch noch in anderer Weise verstehen. Jeder, der nach der Wahrheit sucht, der um die Wahrheit ringt, jeder, der sich nach einem gelingenden Leben sehnt, der erkennt in der Tiefe seines Herzens unbewusst schon Jesus Christus. Jesus ist die Erfüllung unserer Sehnsucht nach einem Weg, der uns zum Leben und zur Wahrheit führt.

Anselm Grün

21. Februar

Worauf du dich verlässt

Das erste Gebot: Prüfe täglich, wie die Götter heißen, vor denen du dich fürchtest und denen du dich beugst. Prüfe täglich, woran dein Herz hängt, und ob es festen Halt dadurch gewinnt oder ob es seinen Halt dadurch verliert. Lieben heißt: an etwas hängen, das Halt hat und Halt verleiht. Und darum heißt Lieben: dem anderen Halt geben können. Prüfe täglich, worauf du dich verlässt. Auf wen oder was du dich am meisten verlässt, der oder das ist in Wahrheit dein Gott. Du sollst aber keine anderen Götter haben als den, der dein und aller Menschen Vater ist.

Jörg Zink

22. Februar

Vor Gott

Das zweite Gebot: Prüfe täglich, wie ernst du die Tatsache nimmst, dass Gott da ist. Das Wort, das du über Gott sprichst, das Wort, mit dem du seinen Namen nennst, wenn du einen Augenblick nicht auf dein Wort acht hast, ist ein Zeichen dafür. Du sollst aber den Namen Gottes nicht in den Mund nehmen, wenn du dabei so tust, als hörte er nicht zu.

Das dritte Gebot: Prüfe, wie breit der Raum ist, den du Gott in deinem Herzen, in deiner Zeit, in deinen Gedanken, in deinen Entscheidungen einräumst. Nicht an den Feiertagen allein, sondern vom normalen Morgen bis zum normalen Abend. Prüfe, wie viel du schweigst. Wie viel du hörst und wie viel Stille in dir ist. Denn es geht darum, Gott zu lieben von ganzem Herzen, von ganzer Seele und mit allen Kräften. Und zu tun, was du tust, vor den Augen Gottes, den du liebst, und nicht vor denen der Menschen.

Jörg Zink

23. Februar

Leben ehren

Das vierte Gebot: Ehren heißt: Durch den Menschen, der vor dir steht, hindurch etwas anderes sehen: ein Geheimnis Gottes, einen Anruf Gottes, einen Auftrag Gottes. Wenn du deine Eltern liebst, tust du etwas Natürliches. Wenn du sie ehrst, tust du etwas, mit dem du mehr meinst als deine Eltern. Du ehrst also keinen Menschen, auch deine Eltern nicht, mehr als Gott. Also ehre sie nach dem Maß, das ihnen zukommt.

Das fünfte Gebot: Gott gab dir das Leben. Schütze, was lebt. Hass ist ein Angriff auf das Leben des anderen, ist Wille, ihn auszulöschen. Wie du es verantworten sollst, einem Menschenkind das Leben zu schenken, so verantwortest du auch, was aus Leben, Gesundheit und Glück des Menschen neben dir wird. Du kannst nicht verschieden urteilen über eine Unterdrückung, durch die ein Mensch um sein Leben gebracht wird, über Todesstrafe oder Töten im Krieg oder verantwortungslose »Hilfe zum Sterben«. Was hier gilt, muss auch dort gelten.

Jörg Zink

24. Februar

Gemeinschaft der Liebenden

Das sechste Gebot: Du gehst nicht lieblos auf die Suche nach Liebe. Du wirst, so meint das Gebot, nichts tun, das den anderen Menschen, den du liebst, verletzt, enttäuscht, beschämt, bedroht oder entwürdigt. Ehebruch aber kann geschehen, auch wo kein Dritter beteiligt ist. Unzählige Ehen werden in der Zweisamkeit gebrochen. Brutal, rücksichtslos, genusssüchtig. Eine Ehe kann nach außen hin gebrochen werden und nach innen wieder heilen. Sie kann nach außen hin intakt sein und täglich gebrochen werden. Auch eine christliche Ehe. Erpressung ist Ehebruch. Wer sagt: Wenn du mich liebst, dann tust du dies oder dies, hat die Gemeinschaft der Liebenden bereits verlassen. Ehe heißt, miteinander alt werden. Liebe bezieht sich also im Ernstfall auf einen unansehnlichen Menschen. Treu sein kann, wer warten gelernt hat. Wer darum glücklich werden will, lerne warten. Er lerne es vor der Ehe. In der Ehe muss er es können.

Jörg Zink

25. Februar

Achte auf dein Wort

Das achte Gebot: Du achtest auf dein Wort. Nur, was zutrifft, ist wert, gesagt zu werden. Schweige, wenn du nichts zu sagen hast, und rede, wenn du etwas zu sagen hast. Und sage es so klar, dass man es versteht. Du brauchst keine großen Worte, damit man dir glaubt. Du brauchst keinen Eid, um einen Menschen zu überzeugen. Sprich über keinen Menschen ein nachteiliges Wort, auch wenn es wahr ist, was du über ihn sagen könntest. Wenn du einen Menschen durch Schweigen schützen kannst, dann schweige. Du musst nicht zu jedem Menschen sagen, was du über ihn denkst. In unserer Zeit wird geredet wie noch nie. Aber achte auf dein Wort. In deinem Wort bist du selbst. In deinem Wort trittst du ans Licht.

Jörg Zink

26. Februar

Den anderen schützen

Das siebte, neunte und zehnte Gebot: Du strebst nicht nach dem, was nicht dein ist. Du unterscheidest also, was dir gehört und was dir nicht gehört. Was du bist und was du nicht bist. Was dir entspricht und was dir fremd ist. Mit diesem Gebot sanktioniert die Bibel nicht die bestehenden Eigentumsverhältnisse, sondern schützt die Menschen davor, über sich und ihre Rechte hinauszugreifen. Nicht das Eigentum wird geschützt, sondern der andere Mensch. Denn der Diebstahl beginnt beim Neid. Beim Wünschen. Bei den Gedanken an das Fremde, das man sich aneignen möchte. Beim Wunsch, der andere möge nicht sein Besitzer sein.

Jörg Zink

27. Februar

Gottes Wille

Eine bestimmte Stufe der geistlichen Einübung, wie sie immer schon bedacht worden ist, heißt »conformitas voluntatis«, »Gleichgestaltung des Willens«. Sie meint den Versuch, unseren Willen umzuformen oder umformen zu lassen so, dass er dem Willen Gottes gemäß wird. Oder besser: unseren Willen umformen zu lassen so, dass er Gottes Willen ausdrückt. Es geht also darum, unsere kleinen und großen Willensregungen, Absichten und Pläne abzugeben und Gottes Willen dafür zu unserem Willen zu machen. Es geht darum, den Raum unseres Wollens zu weiten, ihm immer mehr Raum zu geben, bis er den universellen Willen Gottes zu fassen vermag. Wir werden also viel von unseren Meinungen, Bestrebungen oder Widerständen ablegen und nach dem fragen, was von uns erwartet wird. Wer eine Erfahrung gemacht hat, ist damit noch nicht fähig, zu tun, was sie verlangt. Einer plötzlichen Erfahrung die angemessene existentielle Antwort zu geben, bedarf einer ganz und gar nicht selbstverständlichen Freiheit der Willenskräfte eines Menschen. Zu dieser Willensebene in uns zählen auch unsere Wünsche, unsere Absichten, unsere Vorlieben, unsere Triebe, Bedürfnisse und Widerstände jeder Art.

Jörg Zink

28. Februar

Unser Wille

Man muss aber zuerst einen klaren, eigenen Willen haben, um ihn abgeben zu können. Nur, wenn ich weiß, was ich will und was ich wollen soll, kann ich ihn zugunsten eines anderen Willens weglegen. Wir nehmen uns also Großes vor, aber wir nehmen uns nicht vor, wir müssten es vollenden. Wir brauchen nicht die Menschen zu Heiligen zu erziehen. Wir müssen nicht die Welt in das Reich Gottes verwandeln. Wir müssen selbst keine Heiligen werden. Wir lassen also unsere Sorge um das Künftige. Wir verzichten immer wieder darauf, etwas herbeizuzwingen. Wir greifen keiner Entwicklung voraus. Wir nehmen uns nicht vor, alle Welträtsel zu lösen. Wir brauchen nur mit dem Zeitmaß, das Gott uns vorgibt, das zu tragen und das zu tun, was uns zugemutet ist, und auf das gespannt zu sein, was vor uns liegt. Wir lassen dann und wann ein Geheimnis unergründet. Wir lassen dann und wann Widersprüche ungeklärt. Wir bleiben mit den kurzen Schritten, die unsere Beine uns gestatten, an unserem kleinen Ort und in unserer kleinen Zeit, also innerhalb dessen, was Gott in unseren wenigen Sommern durch uns bewegen will. Nicht aus Gleichgültigkeit, sondern darum, weil auf solche Weise, was Gott will, mit größerer Gewissheit erreicht werden kann.

Jörg Zink

29. Februar

Lass dein Ich hinter dir

Die spirituelle Tradition sagt: Lass dein Ich hinter dir. Dein Ich täuscht sich, wenn es behauptet, es sei Du. Es ist nur deine Schale. Dein Panzer. Dein Mittel zur Selbstdurchsetzung. Dein Hilfsmittel, das dir helfen soll, dich in deiner Welt zurechtzufinden. Es ist ein Teil des Instrumentariums, das dir hilft zu überleben. Unser Weg von uns selbst weg ist ein Suchen nach der Gestalt, die unser Leben annehmen soll. Wir finden dabei das wichtige, das seltsame Gesetz der Spiegelung. Paulus sagt: Wir schauen Christus. Und wir verwandeln uns selbst in das, was wir schauen. Wir finden auch das wichtige Gesetz der Prägung: Es tritt ein Bild in uns ein, das uns diese Gestalt vorformt und uns ihr nachbildet, wie sie uns zugedacht ist. Und so meint es Herder, der gesagt hat: »Vergiss dein Ich! Dich selbst verliere nie!«

Sich hingeben und lieben. Absteigen zu denen, die in irgendeiner Tiefe verfangen sind, und lieben. Das ist das Modell eines christlichen Lebensweges. Das ist, vor allem, die Ebene, auf der wir die wichtigsten unserer Erfahrungen machen werden.

Jörg Zink

1. März

Einvernehmen mit allem, was ist

Wenn wir vom Ziel einer Meditation sprechen, dann nennen wir es die »Kontemplation«. Kontemplation ist die vollkommene Ruhe, mit der wir in Gott sind. Sie ist das einfache Sein, in dem nichts geschehen muss. Nicht einmal ein Gebet. Es ist alles fraglos. Es muss nichts erklärt werden. Und nichts muss verstanden sein. Da ist Frieden. Da ist Einvernehmen mit allem, was ist.

Das alte Wort Kon-templation spricht von einem Tempel. Aber mit diesem Wort meinten die Menschen der alten Welt vor dreitausend und mehr Jahren nicht das Bauwerk, das in der Mitte einer Stadt und auf einer Erhöhung steht, sondern einen bestimmten, ausgemessenen Bezirk am Sternenhimmel. In ihm sahen die Priester vorgezeichnet, was auf der Erde geschehen werde. Sie gewannen, indem sie die Sterne, vor allem die Bewegung der Planeten beobachteten, Einblick in eine umfassende Ordnung und das Maß für das gebotene, angemessene Verhalten der Menschen auf dieser Erde. Und nun grenzten sie auf der Erde einen bestimmten heiligen Bezirk ab, der die himmlische Ordnung spiegelte, und bauten das himmlische Vorbild als ihren Tempel in diesen abgegrenzten Bezirk. Diese Doppelheit des Wortes Tempel deutet sich noch in dem Psalmwort an: »Gott ist in seinem heiligen Tempel. Sein Thron ist im Himmel(!)« (Psalm 11,4).

Jörg Zink

2. März

Reich Gottes

Jesus lebte nicht für seinen Erfolg. Er stand zu den Menschen, die ihn brauchten, auch als er sah, dass er gegen die etablierten Autoritäten nichts ausrichtete. Er kämpfte gegen die Selbstgerechtigkeit der Frommen, wo immer er sie antraf, gegen die Erstarrung der Verhältnisse und gegen die Heuchelei rundum. Er löste die Menschen aus ihren Sorgen, gab ihnen Augen für die Not der anderen und den Willen, ihnen zu helfen. Er zeigte ihnen eine große Zukunft: das Reich der Vollendung und des endlich durchgesetzten Rechts: das »Reich Gottes«.

Wenn wir ihn, den Menschen Jesus, sehen, wird uns zugleich deutlich, wer Gott ist. Denn was er tat, tat er so, dass den Menschen ein Bild des gütigen Gottes vor Augen stand, wenn sie ihn sahen. Er war der Bürge für das, was er über Gott und von Gott her zu ihnen sagte. Und das galt bis in seinen Tod, den er um dieser Bemühung für die Menschen willen auf sich nahm.

Jörg Zink

3. März

Wie Jesus Menschen begegnet

Wie also kommen wir zu dem, was wir eine »christliche Ethik« nennen? Wenn ich mich frage, was denn das Einzigartige am christlichen Glauben sei, das Besondere, so werde ich entdecken, dass es nicht ein Dogma ist, nicht eine Lehre, nicht eine Institution, nicht eine Moral, nicht eine Ethik, nicht irgendwelche Rituale, und seien sie noch so schön und groß. Nein, das Innerste und allein Wichtige an ihm ist die einsame, schmale Gestalt des Mannes aus Nazaret. Zentral und kennzeichnend ist allein, was er den einfachen Menschen in seiner galiläischen Heimat gesagt und gezeigt hat. Das Besondere des christlichen Glaubens und das Zeichen seiner Wahrheit ist die Weise, wie er ihnen begegnet ist. Er sah die Überforderten und die Ausgenützten und sagte ihnen: Kommt! Ich will euch eure Last abnehmen. Er sah die Ausgebeuteten in den Dörfern seiner Heimat und sagte ihnen: Richtet euch auf! Fasst Mut. Ich will euch dabei helfen. Dieser Mann, der die Verachteten, die Leidenden, die Armen an seinen Tisch einlud und sich mit allen in seinem Land geltenden Autoritäten überwarf, ist selbst der Anfang und das Wesen alles dessen, was wir berechtigt sind, christlich zu nennen.

Jörg Zink

4. März

Licht und Finsternis

Jede Ethik kennt die Unterscheidung zwischen dem, was sie »Licht« und was sie »Finsternis« nennt. Ein Feind der geltenden Ordnung, auch ein Feind, der das Leben des Landes bedroht, der als Angreifer an den Grenzen erscheint, wird immer die Merkmale der Finsternis an sich tragen. Die Grenze aber ist zu schützen, damit das Licht Licht bleibt und die Finsternis Finsternis. Damit das Leben weitergehen kann. Aber Jesus sagt: »Liebt eure Feinde! Tut denen wohl, die euch hassen. Segnet, die euch verfluchen, bittet Gott um seine Freundlichkeit für die, die euch beleidigen« (Lukas 8,17). Dahinter steht: Der Feind ist keineswegs der Vertreter der Finsternis gegenüber dem Licht, das ihr selbst darstellt, sondern ein Mensch. Einen Menschen kann man, will man ihm gerecht werden, nur lieben. Ihr kämpft nicht gegen die Finsternis, wenn ihr gegen eure Feinde auszieht, denn die Finsternis ist ebenso in euch selbst. Gott aber gibt seinen Regen und seinen Sonnenschein jedem Guten und jedem Bösen. Tut ebenso. Wenn aber solche Unterscheidung zwischen Licht und Finsternis nicht mehr gelten soll, also kein Recht zur Abwehr besteht, wie soll ein Staat, wie soll ein Rechtssystem, wie eine Ethik glaubwürdig sein?

Jörg Zink

5. März

Ethik, die aus dem Glauben folgt

Er ruft seine Hörer über die Zehn Gebote hinaus: »Wenn eure Gerechtigkeit nicht besser ist als die eurer Lehrer, die euch das Gesetz auslegen, könnt ihr nicht ins Reich Gottes kommen« (Matthäus 5,20). Soll sie »besser« sein, so muss Gott in euch etwas getan haben. Jesus bringt also weder eine Gesetzesethik, noch eine kasuistische, noch eine Wertethik, noch eine Gewissensethik, so oft man auch in der christlichen Geschichte dies oder Ähnliches behauptet hat. Er bringt eine Ethik – falls man sie so nennen will –, die aus dem Glauben folgt und aus dem, was Gott in einem Menschen gewirkt hat. Es gibt bei ihm Verhaltensweisen, die aus einem bestimmten Vertrauen entstehen.

Jörg Zink

6. März

Erfahrung der Nähe Gottes

Jesus bietet eine Lebensweise an, die von der Erfahrung der Nähe Gottes und seiner schützenden, bewahrenden Macht ausgeht und die von keiner der üblichen Ethiken gedeckt ist. Das aber bedeutet unter anderem, dass, wer eine der üblichen »christlichen Ethiken« aufstellt, vertritt oder lehrt, große Stücke seiner Argumentation anderswoher nehmen muss als aus dem Wort, der Gestalt und dem Weg des Mannes aus Nazaret. Aus der Welt des Humanismus oder der Werte oder des Naturrechts oder was es immer sei. Die »bessere Gerechtigkeit«, die Jesus fordert, ist, was aus dem Augenblick des Glaubens im Vertrauen auf den Vater getan wird.

Jörg Zink

7. März

Angesichts seines Todes

Für das, was er von Gott sagte, stand er bis zu seinem Tod ein. Von den Frommen unter seinen Zeitgenossen ertrugen viele ihn und seine Botschaft nicht. Er stand ihnen gegenüber, ohne sich zu wehren, und wurde von ihnen getötet. Was er litt, kommt uns zugute. Denn angesichts seines Todes können wir glauben, dass Gott uns nahe bleibt, auch wenn wir geängstet und verzweifelt sind, verlassen oder schuldig, und am Ende, wenn wir sterben.

Jörg Zink

8. März

Gestalt des Gekreuzigten

Die Gestalt des Gekreuzigten setzt alles am Erfolg ausgerichtete Denken außer Kraft; denn es ist eine Verleugnung des Gerichtes. Weder der Triumph der Erfolgreichen noch auch der bittere Hass der Gescheiterten gegen die Erfolgreichen wird zuletzt mit der Welt fertig. Jesus ist gewiss kein Anwalt der Erfolgreichen in der Geschichte, aber er führt auch nicht den Aufstand der gescheiterten Existenzen gegen die Erfolgreichen. Es geht bei ihm nicht um Erfolg oder Misserfolg, sondern um das willige Annehmen des Gerichtes Gottes. Nur im Gericht gibt es Versöhnung mit Gott und unter den Menschen.

Dietrich Bonhoeffer

9. März

Gericht der Gnade

Allem um Erfolg und Misserfolg kreisenden Denken stellt Christus den von Gott gerichteten Menschen, den Erfolgreichen wie den Erfolglosen, gegenüber. Weil Gott den Menschen vor sich bestehen lassen will aus lauter Liebe, darum richtet er ihn. Es ist ein Gericht der Gnade, das Gott in Christus über den Menschen bringt. Dem Erfolgreichen gegenüber erweist Gott im Kreuz Christi die Heiligung des Schmerzes, der Niedrigkeit, des Scheiterns, der Armut, der Einsamkeit, der Verzweiflung. Nicht als hätte dies alles einen Wert in sich selbst. Aber es empfängt seine Heiligung durch die Liebe Gottes, die dies alles als Gericht auf sich nimmt.

Dietrich Bonhoeffer

10. März

Tat und Mitleiden

Wir sind gewiss nicht Christus und nicht berufen, durch eigene Tat und eigenes Leiden die Welt zu erlösen, wir sollen uns nicht Unmögliches aufbürden und uns damit quälen, dass wir es nicht tragen können, wir sind nicht Herren, sondern Werkzeuge in der Hand des Herrn der Geschichte, wir können das Leiden anderer Menschen nur in ganz begrenztem Maße wirklich mitleiden.

Dietrich Bonhoeffer

11. März

Weite des Herzens Christi

Wir sind nicht Christus, aber wenn wir Christen sein wollen, so bedeutet das, dass wir an der Weite des Herzens Christi teilbekommen sollen in verantwortlicher Tat, die in Freiheit die Stunde ergreift und sich der Gefahr stellt, und in echtem Mitleiden, das nicht aus der Angst, sondern aus der befreienden und erlösenden Liebe Christi zu allen Leidenden quillt. Tatenloses Abwarten und stumpfes Zuschauen sind keine christlichen Haltungen. Den Christen rufen nicht erst die Erfahrungen am eigenen Leibe, sondern die Erfahrungen am Leibe der Brüder, um derentwillen Christus gelitten hat, zur Tat und zum Mitleiden.

Dietrich Bonhoeffer

12. März

Vom Leiden

Es ist unendlich viel leichter, im Gehorsam gegen einen menschlichen Befehl zu leiden als in der Freiheit eigenster verantwortlicher Tat. Es ist unendlich viel leichter, in Gemeinschaft zu leiden als in Einsamkeit. Es ist unendlich viel leichter, öffentlich und unter Ehren zu leiden als abseits und in Schanden. Es ist unendlich viel leichter, durch den Einsatz des leiblichen Lebens zu leiden als durch den Geist. Christus litt in Freiheit, in Einsamkeit, abseits und in Schanden, an Leib und Geist, und seither viele Christen mit ihm.

Dietrich Bonhoeffer

13. März

Gemeinschaft der Heiligen

Am besten wird die Bedeutung von Gemeinschaft wohl erkennbar im Abendmahl. Jesus hat das gemeinsame Essen sozusagen zu seinem Markenzeichen gemacht. Er hat mit Menschen zu Tisch gesessen, die gesellschaftlich geächtet waren. Er hat beim letzten Abendmahl auch den beteiligt, der ihn verraten sollte. Wenn wir uns heute um diesen Tisch versammeln, sind wir Teil einer Gemeinschaft, der Communio Sanctorum, der Gemeinschaft der Heiligen. Gemeinschaft mit Gott, mit dem Auferstandenen. Aber auch Teil der Communio Sanctorum, der Gemeinschaft der Menschen, die sich Gott anvertraut haben durch die Zeiten, der Menschen vor uns und nach uns, der Christinnen und Christen aller Konfessionen und Nationen rund um die Welt. Mich berührt das beim Abendmahl oft, zu wissen: Wir alle stehen gemeinsam vor Gott, selbst wenn wir in getrennten Kirchen feiern. Gottesdienst, das ist die Liturgie, die Erfahrung der Gemeinschaft, die Tradition, in der ich stehe.

Margot Käßmann

14. März

Gerechtigkeit

Wenn du etwas für den Frieden tun willst, dann darfst du nicht siegen wollen. Solange du siegen willst, befindest du dich in einem Krieg und willst gewinnen. Wer noch siegen will, stiftet keinen Frieden. Wenn du etwas tun willst für die Gerechtigkeit zwischen den Alten und den Jungen oder zwischen den Reichen und den Armen, dann sieh zu, dass du sie nicht mit deinem eigenen Rechtsanspruch verwechselst. Es gibt auch das Recht des anderen. Darum: Wer noch auf seinem Recht besteht, der kann Gerechtigkeit nicht wollen.

Jörg Zink

15. März

Glauben

Ein Mensch, der glaubt, greift über alles hinaus, horcht über alles hinaus, was es in diesem Leben zu begreifen und zu verstehen gibt, und findet die alles umgreifende Macht, die wir Gott nennen. Er ist kein Übermensch. Seine Kraft hat Grenzen. Er ist verletzlich an Leib und Seele. Er kann sich nicht an sich selbst festhalten. Er glaubt aber an Gott und verlässt sich auf eine Macht, die ihn hält.

Jörg Zink

16. März

Geborgen

Ein Mensch, der glaubt, ist nicht allein. Er lebt mit Gott. Er kann zu ihm sprechen. Er weiß sich von ihm angesprochen. Er weiß, dass er gehört wird. Er ist geborgen. Wer an Gott glaubt, ist frei. Er braucht nichts zu sein, was er nicht ist, nichts zu zeigen, was er nicht hat, und nichts zu leisten, was er nicht kann. Er braucht Tod und Schwachheit nicht zu leugnen. Er ist in der Angst nicht verlassen. Wer an Gott glaubt, kann leben. Wer mit Gott lebt, wer sich in Gott weiß, findet Frieden. Er kann sich mit seinem Schicksal aussöhnen, er kann sich versöhnen mit anderen Menschen und mit sich selbst. Wer mit Gott lebt und in ihm, kann Frieden stiften um sich her auf dieser Erde.

Jörg Zink

17. März

Bruder aller Leidenden

Was ist es aber, was wir aus den Erfahrungen der Dunkelheit Gottes gewinnen? Zunächst: Wir erkennen, was in der Welt fehlt, das uns die Welt eigentlich gewähren müsste. Wir können versuchen, was in der Welt fehlt, zu erinnern und zu bewahren so, dass der millionenfache Schrei nicht überhört, nicht abgewehrt oder vergessen wird. Wir können versuchen, das Leiden der Vielen in unserem Mitfühlen zu bewahren. Alles Vermissen, Sich-ängsten, Verlassensein und alles Erleiden von Schmerzen zusammenzugreifen und dem Kreuz Christi gegenüberzustellen. Denn indem wir uns vom Kreuz des Christus bedrängen lassen und von ihm erzählen, werden wir fähig, der Wahrheit des Menschenlebens Ausdruck zu geben. Denn auch die Geschichte des Leidens Christi hat aus sich selbst keinen Trost. Sie kann nur überwunden werden damit, dass wir das Wort hören: Er ist auferstanden. Und er ist nun der Begleiter, der Bruder aller Leidenden. Der aber, der ihm nachfolgt, wird dabei fähig zum erinnernden Mitleiden.

Jörg Zink

18. März

Dunkelheit

Wer lange genug mit dem nachtkranken Menschen zusammen kein Licht gesehen hat und dann der Nachricht begegnet, Christus sei auferstanden, dem können dabei die Augen seiner Seele aufgehen, und vielleicht kann er dem im Dunkel gefangenen Menschen die Augen öffnen für das befreiende Licht. Er wird Gott nicht rechtfertigen können oder etwa beweisen, dass das Leid Sinn habe. Er weiß selbst nicht, warum so viel Dunkelheit ist. Er kann nur gegen den Augenschein vertrauen. Mein Lehrer Romano Guardini sagte uns, den Rückkehrern aus dem Krieg: »Ich weiß, dass Gott mir seine Fragen im Gericht stellen wird. Aber ich werde ihm auch meine Fragen stellen, zum Beispiel: Warum ist auf dem Weg zur Erlösung so unendlich viel an Leid, Elend und Schmerzen nötig? Warum?«

Jörg Zink

19. März

In der Dunkelheit als Licht

Warum, so können wir weiter fragen, muss die Liebe Gottes gegen so viel Dunkelheit geglaubt werden? Man nennt diese Frage die der »Theodizee«. Und sie wird auch dem, der mit den Leidenden dieser Welt aufgrund seines Glaubens leidet, nicht beantwortet werden können. Er kann nur Jesus Christus glauben, dass er vom wirklichen Gott spricht. Er kann nur glauben, indem er sein Mitleiden aufrecht erhält und die Klagen, die begründeten und berechtigten, der vielen Stimmen weiter vernimmt und weiterspricht dorthin, woher das Elend kommt. Indem er also, was er sieht oder hört, Gott vor die Füße wirft. Er hat keinen Beweis, dass das allgegenwärtige Leid der Menschen irgendeinen Sinn hat. Er kann nur den gekreuzigten Christus in allem, was geschieht, gegenwärtig sehen als den, der den Tod durchschritten und das Leid und die Verzweiflung seines Sterbens hinter sich gelassen hat. Ihn kann er nicht vorzeigen. Er kann aber von ihm erzählen. Die Geschichte von dem Christus des Ostermorgens kann man nur hören, weitersagen, bezeugen. Aber das können wir tun. Und an dieser Grenze beginnt recht eigentlich die Erfahrung des wirklichen Gottes. Des Gottes, der in der Dunkelheit als das Licht aufscheint.

Jörg Zink

20. März

Gott liebt euch

Aber warum musste Jesus sterben? Wir können sagen: Was er wollte, war neu. Es passte nicht in die Welt. Autoritäten fühlten sich entmachtet. Traditionen sollten nicht mehr gelten. Ordnungen waren aufgehoben, also rächten sich die Herrschenden. Wir können auch sagen: Jesus musste sterben, weil er nicht verstanden wurde. Oder: Er musste sterben, weil er verstanden wurde. Oder: Er musste sterben, weil die Welt so ist, wie sie ist. Weil das Menschenherz so ist, wie es ist. Weil die Macht des Bösen so ist, wie sie ist. Jesus suchte aus seiner Nähe zu Gott die Nähe zu den Menschen und stand zu ihnen. Als es gefährlich wurde, entzog er sich nicht, sondern stand zu dem, was er gesagt und getan hatte. Mit seinem Tod besiegelte er: Was ich gesagt habe, gilt. Dass Gott euch liebt, dafür sterbe ich.

Jörg Zink

21. März

Sei ein Licht

Wenn Jesus also einem Menschen gegenüber stand, so sagte er ihm als erstes: Du bist ein Licht! Also leuchte! Man zündet eine Lampe nicht an, um einen Eimer darüber zu stülpen. Man stellt sie frei auf. Brenne also und leuchte und lass frei von dir ausgehen, was in dich gelegt ist. Habe den Mut, zu sein, was du bist: ein freier Mensch, berufen, ein Licht zu sein.

Jörg Zink

22. März

Ein ganzer Mensch

Ein zweites sagte er ihnen, dem Mann oder der Frau: Du bist ein ganzer Mensch. Also teile dich nicht. Du kannst nicht zwei oder drei Herren zugleich dienen. Zum Beispiel nicht Gott und dem Geist des Geldes. Du kannst auch die Menschen deiner Umgebung nicht teilen in die Guten, die du liebst, und die Bösen, die dein Hass trifft.

Gott lässt seine Sonne über den Guten und den Bösen scheinen. Er ist eins in sich. Sei also aus einem Stück. Sei ganz in dem, was du glaubst, ganz in dem, was du liebst, was du tust. Sei ein Licht für alle Menschen.

Jörg Zink

23. März

Verschwende dich

Ein drittes: Stütze dich nicht auf etwas, das vergeht. Sammle dir keinen Reichtum. Was ist denn wichtiger: das Gepäck, das du trägst, oder der Weg, den du gehst? Je schwerer das Gepäck, desto kürzer wird die Strecke sein, die du zurücklegst. Du kannst keinen Möbelwagen mitnehmen, wenn die Tür eng wird. Du bist frei in dem Maß, in dem du Ballast ablegst. Du brauchst keinen Reichtum zu suchen. Du bist schon reich. Darum verschwende dich. Ein blühender Baum schafft Millionen Samen. Wenige fallen in die Erde und wachsen auf. Das ist Verschwendung. Aber so ist das Leben. Du bist entstanden aus der verschwenderischen Schaffenskraft Gottes. Gott legt seine Liebe in dich, damit du sie weitergibst. Überall hin.

Jörg Zink

24. März

Wert geachtet

Ein viertes: Du hast deinen Wert daraus, dass Gott dich Wert achtet. Suche also keinen Applaus von den Menschen. Es ist üblich, dass man oben sein will, dominieren, geehrt sein, anerkannt, dass man eine herrschende Position sucht. Aber du stellst deinen Wert am glaubwürdigsten dar, wenn du zeigst, woher du ihn hast. Wenn du sagst, dass er dir geschenkt, dass er dir verliehen ist von Gott selbst. Und du wirst ein freier, unabhängiger Mensch sein.

Jörg Zink

25. März

Richte niemanden

Ein fünftes: Du hast Augen, also nimm dich selbst wahr mit allen deinen Fragwürdigkeiten. Du eignest dich nicht zum Richter für andere Menschen. Richte niemand, verurteile keinen. Du bist nicht besser als er. Was euch verbindet, ist das Krumme an ihm und an dir. Was euch verbindet, ist wichtiger, als was euch unterscheidet. Kein Heiliger ist ohne Vergangenheit und kein Verbrecher ohne Zukunft.

Jörg Zink

26. März

Fürchte dich nicht

Ein sechstes: Fürchte dich vor niemand. Du bist nicht bedroht. Du bist gehalten. Du lebst im Schutz der Kraft Gottes, die um dich ist. Und aus der Kraft Gottes in dir selbst. Du hast deinen Weg und brauchst dich nicht zu fürchten vor Gefahren, die an ihm drohen, nicht vor einer Macht, die ihn verstellen könnte. Was dir begegnen kann, ist immer kleiner als Gott, der dich ruft. So geh.

Jörg Zink

27. März

Lächelnde Überlegenheit

Ein siebtes: Dir ist das Leben gegeben und eine bestimmte Lebenszeit. Verbrauche also nicht das Leben und deine Zeit, verbrauche keine Energie mit Sorgen. Du richtest wenig mit ihnen aus. Du kannst dir überlegen, was du tun musst, um dein Leben zu erhalten. Aber tu es, ohne dich dabei im Kreis zu drehen.

Vielleicht fällt uns hier auf, dass in Jesus etwas ungemein Heiteres war, eine lächelnde Überlegenheit. Du kannst dein Leben mit allen deinen Sorgen nicht um einen halben Meter länger machen, sagt er. Wichtiger ist, ob etwas wie Gerechtigkeit von dir ausgeht oder etwas wie Frieden. Behalte dein Ziel im Auge, alles andere ist von geringerer Wichtigkeit.

Jörg Zink

28. März

Gelingendes Leben

Ein achtes: Dir ist Glück zugedacht. Geh darauf zu und sei glücklich. Jesu wichtigste Rede, die Bergpredigt, beginnt mit einem Hymnus auf das sinnvolle, glückliche, gelingende Leben. Sie setzt ein mit dem Ruf: Folgende Menschen sind glücklich! Glücklich sind nicht die, die meinen, sie seien selbst groß. Glücklich sind, die wissen, wie sie Trost finden. Die Geduldigen, die Sanften, die Freundlichen. Die Gerechtigkeit suchen. Die Barmherzigen. Die mit dem reinen Herzen. Glücklich sind die, die Frieden zu stiften vermögen. Sie sind von Gott gesegnet. Sie sind in Gott zu Hause. Sie sind geborgen.

Jörg Zink

29. März

Geliebter Mensch

Ein neuntes: Was dir misslingt, kann dich nicht gefährden. Du brauchst also nicht so zu tun, als seist du tadellos und fehlerfrei. Du bist es nicht. Aber das trennt dich nicht von Gott und von dem Ziel, das dir zugedacht ist. Dein Herz mag dich anklagen, aber Gott wird größer sein als dein Herz. Er sieht nicht nur alles, was du tust, sondern vor allem den von ihm geliebten Menschen, der du bist. Darum steh zu dem Menschen, der du in Wahrheit bist und der du bleibst in Gottes Augen.

Jörg Zink

30. März

Das Ziel

Und ein zehntes: Du hast ein Ziel. Wende dich ihm zu. Kläre, wofür es lohnt, Kräfte einzusetzen. Unterscheide zwischen wichtig und unwichtig, zwischen einem Berg und einem Maulwurfshügel. Dir ist Erfüllung zugedacht. Es gibt etwas, das größer ist als dein Herz und dein Kopf: das Reich Gottes. Setze alles auf dieses eine Ziel, bis dich nichts mehr so erfüllt wie die Sehnsucht nach der ungeteilten Welt Gottes und der Menschen. Und nun fang an! Du kannst es!

Jörg Zink

31. März

Heilung

Und wir verstehen dabei: Jesus verstand sich als Arzt. Etwas vom Sichersten, das wir von ihm wissen, ist, dass er als Heiler aufgetreten ist. »Sie sind krank. Sie brauchen einen Arzt«, sagt er. Das Ziel der Heilung war ihm die aufrechte Gestalt eines freien, zu eigener Entscheidung fähigen Menschen in einer stützenden Gemeinschaft. Das Wort »Therapie« bedeutet, genauer verstanden, den gärtnerischen Umgang mit der Erde. Es heißt, den Boden bereiten für das, was dann in ihm gedeihen soll. Vielleicht lesen wir doch einmal auch die merkwürdigen Wundergeschichten aus den Evangelien neu auf diese Weise. Heilung ist der Ausgangspunkt, von dem aus Jesus uns unseren Weg zeigt.

Jörg Zink

1. April

Sich auf den Weg machen

Wir sind gewöhnt, unser Leben als einen »Weg« zu bezeichnen. Und wir haben die Übung, uns auf unseren Weg einzustellen, indem wir bestimmte sinnvolle Schritte gehen. In unserer Zeit wird der »Pilgerweg« neu entdeckt, und er hilft uns, die Zielgerichtetheit unseres Lebens neu zu begreifen. Das Wachstum eines Glaubens ist ein »Weg«. Die Entwicklung der Kräfte des Geistes und der Seele, das ganze Leben ist ein Weg, den auch der Tod nicht beendet.

So sind die Berufungen, mit denen Jesus seine Weggenossen auswählt und auf seinen Weg ruft, außerordentlich charakteristische Vorgänge. Du dort!, ruft er einen an. Ich brauche dich! Komm! Du bist nicht festgelegt, du kannst aufstehen, wenn ich rufe.

Jörg Zink

2. April

Du bist frei

Du bist freier, als du denkst. Du kannst umkehren. Du kannst einen neuen Anfang machen. Du kannst Gewohnheiten ändern, Überzeugungen überprüfen. Du kannst dich ändern, wenn du willst, auch wenn es schwer fällt. Du bist nicht festgelegt. In dem Augenblick, da dich ein Ruf trifft, hast du die Chance, frei zu sein. Nicht festgelegt, Jesus? Auch nicht durch meine Pflicht? Nein. Auch nicht durch meine Familie? Nein. Auch nicht durch meine Erbmasse? Nein. Auch nicht durch mein Milieu? Nein. Auch nicht durch meine seelischen Schwierigkeiten? Nein. In dem Augenblick, da du einen Ruf aufnimmst, bist du frei.

Jörg Zink

3. April

Werde du selbst

Das erste, was Jesus mir sagt, ist: Du bist ein eigener Mensch mit einem eigenen Gesicht und einem eigenen Verstand. Werde nun der, den Gott mit dir gemeint hat. Werde du selbst. Du kannst es. Das zweite ist: Ich rufe dich nicht in eine Träumerei. Ich suche dich auf der Erde. Du hast einen Beruf, du hast Verantwortungen. Um dich her sind Menschen. Nimm sie an. Bei ihnen findest du mich. Ein drittes: Du bist dazu berufen, ein freier Mensch zu sein. Du kannst dich von vielem lösen, an das andere gebunden sind. Von Interessen, von Vorurteilen, von Zwängen. Und dann binde dich neu und gib deine Freiheit dahin.

Jörg Zink

4. April

Wofür du lebst

Ich finde es befreiend, dass Jesus so eindeutig vom Dienen spricht. Dass er mir eine Aufgabe zeigt, die lohnt und Sinn hat. Dass er nicht sagt: Wer alles hat, ist glücklich. Dass er nicht sagt: Mach die Konkurrenz fertig. Dass er nicht sagt: Wer sich anpasst, überlebt. Dass er nicht sagt: Hauptsache, du setzt dich durch. Du kommst vorwärts. Du machst dir einen Namen. Sondern: Du bist glücklich, wenn du weißt, wofür du lebst. Lass dich von den Gesetzen, die um dich her gelten, nicht beherrschen. Setze dich auf den letzten Platz und lass andere sich streiten um die besseren Plätze. Es gibt Wichtigeres als deinen Platz.

Jörg Zink

5. April

Grundwerte

Man redet heute immerfort von den »christlichen Werten«, die meisten davon aber haben mit dem christlichen Glauben nichts zu tun. Jesus zeigt uns nur zwei Grundwerte, an denen sich alles ausrichtet. Der eine ist die Liebe. Der andere ist der Verzicht auf die eigene Größe. Der Verzicht des Mächtigen auf Macht. Der Verzicht auf Rang und Namen. Der Verzicht auf den Anschein von Vollkommenheit. Insgesamt der Verzicht auf jede Art von Status. An ihm messen wir, was Jesus wirklich von uns fordert.

Jörg Zink

6. April

Miteinander im Glauben

Unser Erkennungszeichen ist das Kreuz. Dieses Zeichen ist auf der ganzen Welt bekannt und als christliches Symbol identifizierbar. Genau hier liegt unsere Mitte, unser Zentrum, unsere Unverwechselbarkeit. Das Kreuz, das für Leiden und Sterben, für Mitleiden und Freiheit, für Überwindung des Todes und Auferstehung steht, ist das Markenzeichen des christlichen Glaubens weltweit. Hier entscheidet sich, was christlich ist und was nicht.

Margot Käßmann

7. April

Achtsamkeit

Man spricht statt von Werten auch von Tugenden. Zwei Tugenden sind es, die für Jesus sehr weit vorn stehen. Es sind die Achtsamkeit und die Berührbarkeit. Achte auf das, was um dich her geschieht. Halte Augen und Ohren offen. Höre, was gesagt und was geklagt wird. Achte auf das, was in dir selbst geschieht und durch dich. Und kontrolliere die Weise, wie du auf alles achtest. Es muss in Liebe geschehen. Und lass dich berühren von dem, was um dich her geschieht. Lass es dir ans Herz gehen oder an die Nieren, und wenn deine Hand gebraucht wird, dann greif zu. Finde dich nicht ab mit Lüge, Ausbeutung, Gewalt, Erpressung und Drohung. Tritt ein für die Verleumdeten, für die Gedanken der Unbequemen und für die Hoffnung derer, die von einer besseren Zukunft träumen. Und weite deine Achtsamkeit aus auf alles, was auf dieser Erde geschieht. Auch auf das, was der Erde selbst an Unheil von den Menschen zugefügt wurde, auch von dir selbst. Auf diesem Feld wird eine der wichtigsten Aufgaben für einen Christen in der Welt von heute und morgen anzutreffen sein.

Jörg Zink

8. April

Geh mit

Begegne dem Leben insgesamt mit Güte. Das meint, dass einer es mit dem Leben, wie es ist, gut meint. Und dann nimm wahr, was von all dem im Leben der ungezählten Menschen neben dir mangelt. Du hast keiner Moral zu gehorchen und keiner Konvention. Geh all die dunklen Wege mit, auf denen sie vielleicht mit letzter Kraft gehen. Geh alle die Wege mit, die ohne Hoffnung gegangen werden. Geh mit in den tiefen Tälern, von denen aus keine Gipfel zu sehen sind, und mach so dein Tun dem ähnlich, was du an Jesus Christus siehst. Und lass Mut von dir ausgehen, Mut zum Leben, und das Vertrauen, dass das Leben etwas sei, das gelingen könne.

Jörg Zink

9. April

Auferstehung

Für Christen gibt es einen Punkt, an dem sich alles entscheidet über Wahrheit oder Irrtum unseres Glaubens. Es ist der Bericht, der sagt, Jesus Christus sei aus dem Tod in ein neues Leben hinübergetreten. Er sei auferstanden. Darin liegt zugleich die Botschaft an uns, wir hätten nach unserem kurzen Leben eine Auferstehung vor uns und eine Ewigkeit. Und darin liegt zugleich die Botschaft, das ganze Universum sei der sichtbare Vordergrund einer in unmessbare Tiefen hinüberreichenden Welt, und dieser kleine Vordergrund habe eine Wandlung vor sich, deren Ziel Jesus das »Reich Gottes« nennt. Wer die Auferstehung des Toten und Begrabenen von Golgatha für einen Irrtum hält, der macht das ganze Christentum zu einem Irrtum. Der Rest lohnt sich nicht.

Jörg Zink

10. April

Ich lebe – und ihr sollt auch leben

Man hat immer wieder versucht, die Auferstehung von damals als Gleichnis zu verstehen, nicht als wirkliches Ereignis. Man sagte: Sie bedeutet, dass, was Jesus gewollt hat, auch für uns gilt. Oder man sagte: Sie bedeutet, dass sein Traum vom Reich Gottes weitergeträumt werden muss. Dass, was er gesagt hat, noch immer Wahrheit ist. Aber die Auferstehung bedeutet, dass Jesus Christus durch den Tod hindurch geführt worden ist und lebt. Nicht die Erinnerung an ihn lebt, sondern er selbst. Und dieser Jesus sagt: Ich lebe – und ihr sollt auch leben. Nichts wird zu Ende sein. Nichts wird umsonst gewesen sein. Ihr werdet den Tod durchschreiten, geführt von der Liebe Gottes. Ihr werdet leben, und zwar in einer neuen Nähe zu Gott.

Jörg Zink

11. April

Sieg über Sünde und Tod

Wir sprechen in unserem Leben nicht gern von Siegen. Es ist ein zu großes Wort für uns. Wir haben in unsrem Leben zu viele Niederlagen erlitten; zu viele schwache Stunden, zu viel grobe Sünden haben den Sieg immer wieder zunichte gemacht. Aber, nicht wahr, der Geist in uns sehnt sich nach diesem Wort, nach endlichem Sieg über die Sünde, über die bange Todesfurcht in unserem Leben. Und nun sagt uns Gottes Wort auch nichts von unserem Sieg, es verspricht uns nicht, dass von nun an wir siegen werden über Sünde und Tod, aber es spricht mit aller Macht davon, dass einer diesen Sieg errungen hat und dass dieser, wenn wir ihn zum Herrn haben, auch über uns den Sieg erringen wird. Nicht wir siegen, aber Jesus siegt.

Dietrich Bonhoeffer

12. April

Der Stachel des Todes

Es ist wie ein triumphierendes Spottlied über Tod und Sünde, das die Heilige Schrift hier singt: Tod, wo ist dein Stachel? Hölle, wo ist dein Sieg? Da blähen sich Tod und Sünde auf, jagen den Menschen Angst ein, als seien sie noch die Herren der Welt. Aber es ist nur Schein. Sie haben ihre Macht längst verloren. Jesus hat sie ihnen genommen. Seitdem braucht kein Mensch mehr, der mit Jesus ist, diese finsteren Herren zu fürchten. Der Stachel des Todes, das, womit der Tod uns weh tut, die Sünde, hat keine Gewalt mehr. Die Hölle vermag nichts mehr gegen uns, die wir mit Jesus sind. Sie sind ohnmächtig, sie wüten noch wie ein böser Hund an der Kette, aber sie können uns nichts anhaben; denn Jesus hält sie fest. Er ist der Sieger geblieben.

Dietrich Bonhoeffer

13. April

Ein neuer Mensch sein

Gleichgestaltet mit dem Auferstandenen – das heißt vor Gott ein neuer Mensch sein. Er lebt mitten im Tode, er ist gerecht mitten in der Sünde, er ist neu mitten im Alten. Sein Geheimnis bleibt der Welt verborgen. Er lebt, weil Christus lebt, und allein in Christus. »Christus ist mein Leben« (Phil 1,21). Solange die Herrlichkeit Christi verborgen ist, ist auch die Herrlichkeit seines neuen Lebens »mit Christus verborgen in Gott« (Kol 3,2). Aber der Wissende schaut hier und da schon einen Schimmer des Zukünftigen. Der neue Mensch lebt in der Welt, wie jeder andere; er unterscheidet sich oft nur in wenigem von den anderen Menschen. Er legt es auch nicht darauf an, sich herauszuheben, sondern allein Christus herauszuheben um seiner Brüder willen. Verklärt in die Gestalt des Auferstandenen trägt er hier nur das Zeichen des Kreuzes und des Gerichtes. Indem er es willig trägt, erweist er sich als der, der den Heiligen Geist empfangen hat und mit Jesus Christus in unvergleichlicher Liebe und Gemeinschaft geeint ist.

Dietrich Bonhoeffer

14. April

In Christus

In Christus war die Gestalt des Menschen vor Gott neugeschaffen. Es war keine Sache des Ortes, der Zeit, des Klimas, der Rasse, des Einzelnen, der Gesellschaft, der Religion oder des Geschmacks, sondern die Sache des Lebens der Menschheit schlechthin, dass sie hier ihr Bild und ihre Hoffnung erkannte. Was an Christus geschah, war an der Menschheit geschehen. Es ist ein Geheimnis, für das es keine Erklärung gibt, dass nur ein Teil der Menschheit die Gestalt ihres Erlösers erkennt. Das Verlangen des Menschgewordenen in allen Menschen Gestalt zu gewinnen, bleibt bis zur Stunde ungestillt. Er, der die Gestalt des Menschen trug, kann nur in einer kleinen Schar Gestalt gewinnen: das ist seine Kirche.

Dietrich Bonhoeffer

15. April

Leib Christi

»Gestaltung« heißt daher in erster Linie Gestaltgewinnen Jesu Christi in seiner Kirche. Es ist die Gestalt Jesu Christi selbst, die hier Gestalt gewinnt. In tiefer und klarer Bezeichnung der Sache selbst nennt das Neue Testament die Kirche den Leib Christi. Der Leib ist die Gestalt. So ist die Kirche nicht eine Religionsgemeinschaft von Christusverehrern, sondern der unter Menschen gestaltgewordene Christus. Leib Christi aber darf die Kirche heißen, weil im Leibe Jesu Christi wirklich der Mensch und also alle Menschen angenommen sind. Die Kirche trägt nun die Gestalt, die in Wahrheit der ganzen Menschheit gilt.

Dietrich Bonhoeffer

16. April

Der erneuerte Mensch

Es geht um das Gestaltwerden der Gestalt Christi unter uns. Es geht also um den wirklichen, den gerichteten, den erneuerten Menschen. Es gibt den wirklichen, den gerichteten und erneuerten Menschen nicht anders als in der Gestalt Jesu Christi und also in der Gleichgestaltung mit ihm. Nur der in Christus angenommene Mensch ist der wirkliche Mensch, nur der vom Kreuze Christi betroffene Mensch ist der gerichtete Mensch, nur der der Auferstehung Christi teilhaftige ist der erneuerte Mensch. Seit Gott in Christus Mensch wurde, ist alles Denken über den Menschen ohne Christus unfruchtbare Abstraktion. Das Gegenbild zu dem in die Gestalt Jesu Christi aufgenommenen Menschen ist der Mensch als sein eigener Schöpfer, sein eigener Richter und sein eigener Erneuerer, es ist der Mensch, der an seinem eigentlichen Menschsein vorbeilebt und darum früher oder später sich selbst zerstört. Der Abfall des Menschen von Christus ist zugleich sein Abfall von seinem eigenen Wesen.

Dietrich Bonhoeffer

17. April

Einheit

In Jesus Christus glauben wir den menschgewordenen, gekreuzigten und auferstandenen Gott. In der Menschwerdung erkennen wir die Liebe Gottes zu seiner Kreatur, in der Kreuzigung das Gericht Gottes über alles Fleisch, in der Auferstehung den Willen Gottes zu einer neuen Welt. Nichts wäre nun verkehrter als diese drei Stücke auseinanderzureißen; denn in jedem von ihnen ist das Ganze enthalten. So unsachgemäß es ist, eine Theologie der Menschwerdung, eine Theologie des Kreuzes oder eine Theologie der Auferstehung gegeneinander aufzurichten durch falsche Absolutsetzung eines dieser Teile, so falsch ist dieses Vorgehen auch für das Denken über das christliche Leben. Eine allein auf der Menschwerdung aufgebaute christliche Ethik würde leicht zu der Kompromisslösung führen, eine allein auf Kreuz oder Auferstehung Jesu Christi aufgebaute Ethik würde dem Radikalismus und der Schwärmerei verfallen. Nur in der Einheit löst sich der Widerstreit.

Dietrich Bonhoeffer

18. April

Jesus Christus, der Auferstandene

Jesus Christus, der Auferstandene, das bedeutet, dass Gott aus Liebe und Allmacht dem Tod ein Ende macht und eine neue Schöpfung ins Leben ruft, neues Leben schenkt. »Das Alte ist vergangen.« »Siehe ich mache alles neu.« Auferstehung ist schon mitten in der alten Welt angebrochen als letztes Zeichen ihres Endes und ihrer Zukunft, und zugleich als lebendige Wirklichkeit. Jesus ist als Mensch auferstanden, so hat er dem Menschen die Auferstehung geschenkt. So bleibt der Mensch Mensch, obwohl er ein neuer auferstandener, dem alten in keiner Weise gleicher Mensch ist. Aber freilich bis zur Grenze seines Todes bleibt er, der mit Christus schon auferstanden ist, in der Welt des Vorletzten, in die Jesus einging und in der das Kreuz steht. So hebt auch die Auferstehung, solange die Erde steht, das Vorletzte nicht auf, aber das ewige Leben, das neue Leben bricht immer mächtiger in das irdische Leben ein und schafft sich in ihm seinen Raum.

Dietrich Bonhoeffer

19. April

Leben mit Jesus Christus

Menschwerdung, Kreuz und Auferstehung mögen in ihrer Einheit und in ihrer Unterschiedenheit deutlich geworden sein. Christliches Leben ist Leben mit dem menschgewordenen, gekreuzigten und auferstandenen Jesus Christus, dessen Wort als ganzes uns in der Botschaft von der Rechtfertigung des Sünders aus Gnaden begegnet. Christliches Leben heißt Menschsein inkraft der Menschwerdung, heißt gerichtet und begnadigt sein inkraft des Kreuzes, heißt ein neues Leben leben in der Kraft der Auferstehung. Eines ist nicht ohne das andere.

Dietrich Bonhoeffer

20. April

Christusbegegnung mit der Welt

Für die Frage nach dem Verhältnis zu dem Vorletzten ergibt sich aus dem Bisherigen, dass das christliche Leben weder eine Zerstörung noch eine Sanktionierung des Vorletzten bedeutet, so dass in Christus die Wirklichkeit Gottes der Wirklichkeit der Welt so begegnet und uns an dieser wirklichen Begegnung teilnehmen lässt. Es ist eine Begegnung jenseits jedes Radikalismus und jedes Kompromisses. Christliches Leben ist Teilnahme an der Christusbegegnung mit der Welt.

Dietrich Bonhoeffer

21. April

Lebendig

Von dem, was Jesus von Gott sagte, spricht seine Auferstehung, nämlich davon, dass Gott der Lebendige ist und lebendige Menschen will. Die ersten Christen machten die Erfahrung, dass ihnen Jesus nach seinem Tode lebendig entgegentrat. Wir hoffen also auf ein neues Leben für uns selbst, weil uns Jesus diesen Weg durch den Tod hindurch vorausgegangen ist. Wir wagen es mit dem lebendigen Gott, weil eben Jesus es mit ihm gewagt hat.

Jörg Zink

22. April

Der Weg, den er mir zeigt

Jesu Leben, sein Tod, seine Auferstehung werden uns zu Mustern unseres Weges. An ihm wird zuletzt gemessen, was unser Tun und Leben wert gewesen sind. Was vor ihm standhält, hält wirklich stand. Was vor ihm sich als Schein, als Fassade oder als Irrtum erweist, ist endgültig vertan. Was ich hier zeigen will, ist das Bild von Jesus, das sich mir im Lauf eines langen Lebens als glaubwürdig erwiesen hat. Dabei interessiert mich zwar, was wir uns am Beginn dieses neuen, kleinen Jahrhunderts ausdenken, aber mehr noch, was unabhängig von unserer Epoche gilt und was mir beständiger und haltbarer scheint als unsere kurzatmigen Einfälle. Ich meine auch, das Leben habe Rätsel und Mühen genug, und möchte mir nicht vornehmen, alles, was mir hilft, es zu bestehen, von meinen eigenen Kräften und Gedanken zu erwarten. Ich meine, es sei Streit und Hass und Krieg genug in der Welt und in mir selbst, und möchte den Frieden gerne annehmen, den mir Jesus eröffnet. Ich meine, es sei genug der Irrwege, die Menschen um mich her gehen und in die ich mich selbst verlieren könnte, und nehme gerne den Weg an, den er mir zeigt.

Jörg Zink

23. April

Gelebter Glaube

Wenn Jesus Christus die Mitte unseres Glaubens ist, das Kreuz, bildlich gesprochen, fest steht, ist weiter Raum für Kreativität und Vielfalt. Viele sind skeptisch gegenüber Spiritualität, weil sie auch ein Wagnis ist, weil wir uns dabei persönlich einlassen müssen auf unseren Glauben, ohne die Distanz halten zu können, die selbst ein Gottesdienst möglich macht. Manchmal braucht es Mut, sich auf einen solchen Weg zu begeben. Dieser Mut aber lohnt sich, denn erfahrener und gelebter Glaube gibt unserem Leben eine Tiefe, die nicht käuflich ist.

Margot Käßmann

24. April

Der lebendige Herr

Jesus Christus, der auferstandene und erhöhte Herr – das bedeutet, dass Jesus Christus Sünde und Tod überwunden hat und der lebendige Herr ist, dem alle Gewalt gegeben ist im Himmel und auf Erden. Alle Mächte der Welt sind ihm unterworfen und müssen ihm dienen, jede in ihrer Weise.

Dietrich Bonhoeffer

25. April

Der befreiende Ruf

Die Christusverkündigung gilt nun aller Kreatur als der befreiende Ruf unter die Herrschaft Jesu Christi. Keine irdischen Grenzen gelten für diese Verkündigung, sie ist ökumenisch, das heißt den Erdkreis umfassend. Die Herrschaft Jesu Christi ist keine Fremdherrschaft, sondern die Herrschaft des Schöpfers, Versöhners und Erlösers, die Herrschaft dessen, durch den und zu dem hin alles Geschaffene ist, ja in dem allein alles Geschaffene seinen Ursprung, sein Ziel und sein Wesen findet.

Dietrich Bonhoeffer

26. April

Erfüllung

Kein fremdes Gesetz zwingt Jesus Christus dem Geschaffenen auf, aber er duldet auch keine von seinem Gebot abgelöste »Eigengesetzlichkeit« des Geschaffenen. Das Gebot Jesu Christi, des lebendigen Herrn, befreit das Geschaffene zur Erfüllung des ihm eigenen, – das heißt aber von seinem Ursprung, Ziel und Wesen in Jesus Christus her innewohnenden, – Gesetzes.

Dietrich Bonhoeffer

27. April

Abendmahl

Der Tag des Abendmahls ist für die christliche Gemeinschaft ein Freudentag. Im Herzen versöhnt mit Gott und den Brüdern empfängt die Gemeinde die Gabe des Leibes und Blutes Jesu Christi und in ihr Vergebung, neues Leben und Seligkeit. Neue Gemeinschaft mit Gott und Menschen ist ihr geschenkt. Die Gemeinschaft des heiligen Abendmahls ist die Erfüllung der christlichen Gemeinschaft überhaupt. So wie die Glieder der Gemeinde vereinigt sind in Leib und Blut am Tische des Herrn, so werden sie in Ewigkeit beieinander sein. Hier ist die Gemeinschaft am Ziel. Hier ist die Freude an Christus und seiner Gemeinde vollkommen. Das gemeinsame Leben der Christen unter dem Wort ist im Sakrament zu seiner Erfüllung gekommen.

Dietrich Bonhoeffer

28. April

Wahrheit und Beziehung

Das deutsche Wort für Wahrheit kommt von der indogermanischen Wurzel »uer«, das »Gunst, Freundlichkeit erweisen, einen Gefallen tun« bedeutet. Davon kommt das russische Wort »vera« = Glaube.

Wahrheit bedeutet für die deutsche Sprache also offensichtlich, dass man dem andern vertrauen kann. Wer mir die Wahrheit sagt, der erweist mir einen Gefallen, der behandelt mich freundlich. Er verbirgt mir nichts, sondern zeigt mir, wie es um die Dinge und wie es um mich steht. Aber es zeigt auch, dass Wahrheit nie abstrakt gesehen werden kann, sondern immer in Beziehung zu dem, der mir die Wahrheit sagt. Im Offenbaren von Wahrheit zeigt sich eine tragfähige Beziehung. Die Wahrheit kann ich aber auch nur dem sagen, dem ich vertraue und der Vertrauen in mich hat. Das Wort Wahrheit hat die gleiche Wurzel wie das Wort »Wirt« und »gewähren«. Wer mir die Wahrheit sagt, bewirtet mich, nährt mich. Er ist ein Gastfreund, der mich an seinen Tisch einlädt und mir die Dinge so erzählt, wie sie sind. Und er gewährt mir eine Gefälligkeit, er gesteht es mir zu, die Wahrheit zu erfahren. Er erlaubt es mir, an der Wahrheit teilzuhaben.

Anselm Grün

29. April

Wahrheit verwirklichen

Das christliche Wahrheitsverständnis wurde im Mittelalter vor allem durch die beiden großen Theologen Anselm von Canterbury und Thomas von Aquin entfaltet. Anselm spricht von der Wahrheit als »rectitudo«, als Richtigkeit. Richtig ist nicht nur das, was wir sagen, sondern auch was wir tun. Anselm verbindet daher die wahre Erkenntnis immer schon mit dem richtigen Tun. Unser Tun soll auf die Wahrheit, und letztlich auf Gott, der die eigentliche Wahrheit ist, hinweisen. Diese Einsicht Anselms hat auch heute noch ihre Bedeutung. Es genügt nicht nur, die Wahrheit zu erkennen. Wir sollen sie auch tun. Wir sollen sie in unserem ganzen Verhalten zum Ausdruck bringen. Wir sollen so handeln, dass es dem Wesen der Dinge und auch unserem eigenen Wesen entspricht. Wahr sind nicht die Sätze, die ein Mensch von sich gibt, sondern wahr ist sein Leben, wenn er in seinem Leben die Wahrheit verwirklicht und sie in der Liebe auch tut.

Anselm Grün

30. April

Du meine Seele, singe

Das Singen hat für das Christentum von Anfang an große Bedeutung gehabt. Mit Martin Luther wurde es für die Reformation geradezu zum Ausdruck des Glaubens. »Du meine Seele, singe« – dieses Lied von Paul Gerhardt (EG 302) drückt aus, wie der ganze Mensch beim Singen vom tiefsten Innern heraus sich an Gott wendet, lobend oder klagend, voller Freude oder voller Kummer. Nefesch, der hebräische Begriff, den die Lutherbibel mit Seele übersetzt, meint eigentlich die Kehle, den Atem, den Lufthauch, der durch die Kehle ausgestoßen wird. In der Bibel beschreibt dieser Begriff auch den ganzen Menschen (1. Mose 2,7) und steht so für die Seele, das lebende Wesen, den Sitz von Regungen und Gefühlen. Aber nicht nur eigenes Singen, auch der Besuch einer Aufführung, das Hören eines Musikstückes kann unseren Glauben stärken.

Margot Käßmann

1. Mai

Nicht die Arbeit erhält den Menschen

Der Dekalog enthält kein Gebot zu arbeiten, aber ein Gebot von der Arbeit zu ruhen. Das ist die Umkehrung von dem, was wir zu denken gewohnt sind. Die Arbeit wird im 3. Gebot als etwas Selbstverständliches vorausgesetzt; aber Gott weiß, dass das Werk, das der Mensch tut, über ihn eine solche Gewalt gewinnt, dass er von ihm nicht mehr lassen kann, dass er sich von seinem Tun alles verspricht und darüber Gott vergisst. Darum gebietet Gott, von seinen Werken auszuruhen.

Nicht die Arbeit erhält den Menschen, sondern allein Gott; nicht von der Arbeit lebt der Mensch, sondern allein von Gott. »Wo der Herr nicht das Haus baut, da arbeiten umsonst die daran bauen; wo der Herr nicht die Stadt behütet, da wacht der Wächter umsonst … Seinen Freunden gibt es der Herr im Schlaf« (Ps 127,1.2), sagt die Bibel gegen alle, die aus der Arbeit ihre Religion machen. Die Feiertagsruhe ist das sichtbare Zeichen dafür, dass der Mensch aus der Gnade Gottes und nicht aus Werken lebt.

Dietrich Bonhoeffer

2. Mai

Rhythmus von Gebet und Arbeit

Unser Leben ereignet sich im Rhythmus von Gebet und Arbeit. »Gebet« meint also das feierliche Gemeinsame Gebet, das wir im »Chor« beten, das wir daher »Chorgebet« nennen. Wir versammeln uns dazu im »Chorgestühl«. Hauptinhalt unseres Gebetes sind die Psalmen, also jene 150 Lieder und Gebete, die im Alten Testament gesammelt sind und die auch schon Christus und seine Apostel gebetet haben. Das »Chorgebet« ist charakteristisch für die benediktinisch geprägten Ordensgemeinschaften, also auch für uns Zisterzienser.

Der heilige Benedikt hat in seiner Regel ja sogar eine genaue Aufteilung der Psalmen angegeben. Da die Gebete zu bestimmten Stunden stattfinden sollen, werden sie auch »Horen« (lat. *hora,* die Stunde) genannt. Man spricht dort, wo diese Horen nicht gemeinsam gebetet werden, vom »Stundengebet«. Dazu sind auch Priester und Diakone in der lateinischen Kirche täglich verpflichtet, freilich beten die quantitativ weit weniger, da sie ja für den seelsorglichen Dienst Kraft und Zeit haben müssen.

Karl Josef Wallner

3. Mai

Singen

Auch das Singen ist wahrhaftig ein Herzstück christlicher Spiritualität, ja Musik insgesamt ist einer der Grundpfeiler unseres Glaubens. Ein Lied auf den Lippen, das kann unendlich viel bedeuten. Das kennen doch viele Menschen, dass einem das Herz übergeht vor Glück oder das Herz schier zu brechen scheint vor Schmerz und Kummer. Dann ist es gut, ein Lied zu kennen, das hilft, den Gefühlen, den Glaubensfragen Raum zu geben.

Margot Käßmann

4. Mai

Die Welt ist Klang

Die alten Räume der Kirchen sind von jeher Orte des Musizierens und des Singens gewesen und haben davon Zeugnis abgelegt, dass die Welt überhaupt Klang ist. Schwingung. Dass Erde und Weltall ein singender Chor sind und wir Menschen die Aufgabe haben, diese schwingende Musik zu sein, die Gott in uns spielt. Im Fest, im Tanz und im Spiel werden Raum und Ort und Weg, das Wort und die Zeit, das Hören und das Musizieren eins.

Jörg Zink

5. Mai

Schönheit

So ist es der Sinn eines Gottesdienstes nicht nur, dass Menschen belehrt werden, aufgeklärt, in Bewegung gesetzt zu irgendeinem richtigen Tun, sein Sinn ist zunächst das heilige Spiel. Sein Sinn ist zuerst, dass wir nichts tun, sondern da sind. Dass wir uns in gelassener Heiterkeit in das Spiel vor Gott einfügen ebenso wie in das klare Reglement, ohne das kein Spiel geschehen kann. Es ist der Sinn der Schönheit einer Liturgie, der Schönheit der Sprache oder der Gesten. Es ist der Sinn des dramaturgisch genauen Ablaufs, der Stimmen eines Chors, der Klänge eines Orgelspiels. Was ist denn schön? Schön ist etwas, das wahr ist so, wie es ist. Und was ist wahr? Wahr ist in der Sprache des Neuen Testaments etwas, das durchlässig ist für das Wort, das im Urbeginn laut wurde. So auch kommt es zu dem merkwürdigen Gedanken von der himmlischen Musik, der sagt, es werde am Ende alles in der zweckfreien Anbetung und im Einklang aller Dinge vollendet werden.

Jörg Zink

6. Mai

Singend den Glauben ausdrücken

Sollte ich einem Menschen eine Art christliches Handgepäck mit auf den Weg geben, dann wäre neben der Bibel auf jeden Fall das Gesangbuch dabei. Das Singen ist wahrhaftig Herzstück christlicher Spiritualität, ja Musik insgesamt ist einer der vier Grundpfeiler unseres Glaubens. Ein Lied auf den Lippen, das kann unendlich viel bedeuten. Die Psalmen fordern uns geradezu heraus zum Singen: »Singet dem Herrn ein neues Lied!«, heißt es in Psalm 96,1 oder in Psalm 68,5: »Singet Gott, lobsinget seinem Namen!« Gerade die lutherischen Kirchen haben eine große Tradition, im Singen unseren Glauben auszudrücken. Martin Luther selbst war ein äußerst kreativer Liederdichter. Und Paul Gerhardt ist wohl der größte Liederdichter überhaupt. Seine Verse gehören in den deutschen evangelischen Gesangbüchern zu den am häufigsten erscheinenden Texten, aber auch in der katholischen Kirche werden seine Lieder gesungen, ja sie finden sich in aller Welt.

Margot Käßmann

7. Mai

Psalmengebet

Der Psalter ist das Gebetbuch Jesu Christi im eigentlichsten Sinne. Er hat den Psalter gebetet, nun ist er Sein Gebet geworden für alle Zeiten. Wird es jetzt begreiflich, wie der Psalter zugleich Gebet zu Gott und doch Gottes eigenes Wort sein kann, eben weil der betende Christus uns hier begegnet? Jesus Christus betet den Psalter in seiner Gemeinde. Seine Gemeinde betet auch, ja, auch der Einzelne betet, aber er betet eben, sofern Christus in ihm betet, er betet hier nicht im eigenen Namen, sondern im Namen Jesu Christi. Er betet nicht aus dem natürlichen Verlangen seines eigenen Herzens, sondern er betet aus der angenommenen Menschheit Christi, er betet auf Grund des Gebetes des Menschen Jesus Christus. Damit aber hat sein Gebet allein die Verheißung der Erhörung gefunden. Weil Christus das Psalmengebet des Einzelnen und der Gemeinde vor dem himmlischen Thron Gottes mitbetet, vielmehr weil die Betenden hier in das Gebet Jesu Christi mit einfallen, darum dringt ihr Gebet zu Gottes Ohren. Christus ist ihr Fürbitter geworden.

Dietrich Bonhoeffer

8. Mai

Wie der Mensch beten soll

Heute Morgen habe ich gebetet, aber so, wie der Mensch beten soll. Ich betete, und mir war bewusst, was ich sagte, nicht so sehr mit Worten, sondern mit Gedanken, Geist. Nur ein solches Gebet kann den Menschen stärken, nur so sollte das Gebet eines denkenden Wesens sein. Alles andere nennt sich »Herunterleiern« und ist eines Bettlers vor der Kirche würdig, zu dessen Handwerk es gehört. Heute wunderte ich mich nicht, dass Gott keinen Anfang und kein Ende hat, da ich in Ihm grenzenlose Harmonie sehe. Die Sterne, das Universum erzählen mir von einem Schöpfer, nicht der Priester. Ich habe mir einen neuen Glauben geschaffen, er hat noch keine bestimmte Richtung, aber es ist ein rein geistiger. Es gibt einen Gott – sagt der Glaube; wie er ist – darauf hat der menschliche Verstand keine Antwort. Betrachte dich rechtschaffen, und tue Gutes, bete nicht, um Gott zu bitten, sondern um ihn nicht zu vergessen, dass man ihn überall sehen muss.

Janusz Korczak

9. Mai

Mich Gott anvertrauen

Das ist eine entscheidende Erfahrung des betenden Menschen: Ich lasse mich selbst los. Ich vertraue mich einem anderen an. Ich begebe mich in ein Gespräch mit Gott, der mehr ist als das Hier und Jetzt, die weiter und größer und tiefer ist, als ich denken kann. Diese Selbstentäußerung, dieses Loslassen, prägt eine Lebenshaltung. So erfahre ich durch das Gebet auch Freiheit von all dem Druck, unter dem ich stehe. Manches, was ausgesprochen ist, vor Gott besprochen ist, verliert seine Macht, es bedrängt uns nicht mehr so. Probleme verschwinden nicht durch das Gebet, aber sie werden manches Mal auf die ihnen angemessene Dimension zurückgestuft. Die Last, die wir auf dem Herzen haben, Angst, die uns bedrängt – sie lösen sich nicht auf, aber sie werden handhabbar durch das Gebet.

Margot Käßmann

10. Mai

Dass sich das Herz zum Gebet frei und geneigt mache

Das Beten gilt als das »Herzstück christlicher Spiritualität«. Und es ist wohl auch der einfachste Zugang zu Spiritualität. Da bedarf es keiner langwierigen Unterweisung, es betet sich sozusagen von selbst. Und das sollten wir auch nicht verkomplizieren. Martin Luther hat einmal an seinen Barbier Meister Peter über »Eine einfältige Weise zu beten« geschrieben und ihm Mut gemacht, ganz schlicht das Vaterunser zu sprechen. Nicht allzu viel Brimborium solle gemacht werden, sondern in diesem Gebet sei alles aufgehoben, wenn sich das Herz dafür erwärme. Luther schreibt: »Und ich habe so auch oft mehr in einem Gebet gelernt, als ich aus viel Lesen und Nachsinnen hätte kriegen können. Darum kommt es am meisten darauf an, dass sich das Herz zum Gebet frei und geneigt mache … Was ist's anders als Gott versuchen, wenn das Maul plappert und das Herz anderswo zerstreut ist?«

Margot Käßmann

11. Mai

Gebet als Teil des Alltags

Ja, Gebet ist auch Konzentration. Es ist gut, einen eigenen Ort für das Gebet zu haben oder eine feste Zeit. Es gibt das gemeinsame Gebet im Gottesdienst, aber vor allem auch das persönliche Gebet im Tagesablauf. Gebet ist auch Einübung einer gewissen Routine. Auf diese Weise kann das Gespräch mit Gott Teil unseres Alltags werden. Wir beginnen unseren Gesprächsfaden mit einem festen Ritual. Und dann wird das Gespräch auch hier und da an anderen Punkten im Alltag oder im Urlaub, in Krisensituationen oder in Zeiten überschäumenden Glücks Teil unseres Lebens sein. Gebet braucht auch eine Form von Disziplin. Eben mal beten, dass dies oder das eintreten möge, das degradiert Gott zu einem Automaten, in den ich eine Münze werfe und erwarte, dass etwas herauskommt. Die Erfahrung des Betens lehrt, dass diese Frage der Wunscherfüllung eine Anfangsfrage ist. Sie entspringt meist einem spontanen Impuls, einer besonderen Situation von Angst oder Hoffnung. Es geht aber beim Beten darum, langfristig beziehungsweise auf Dauer mit Gott im Gespräch zu sein, sich auf die Gottesbeziehung einzulassen. Das verändert immer auch mich selbst.

Margot Käßmann

12. Mai

Glaube und Zweifel

Vor allem der Anblick oder die Erfahrung von Leiden bringt uns die drängenden Fragen: Gibt es Gott? Und wenn es Gott gibt, wie kann Gott das zulassen? Warum wurde mein Gebet nicht erhört? Mich beeindruckt an der Gebetserfahrung unserer Mütter und Väter im Glauben, dass dieser Zweifel immer wieder hineingenommen wurde in das Gebet. Es gibt eine Geschichte, in der fromme Juden über Gott zu Gericht sitzen. Angesichts der Weltlage kommen sie zu dem Schluss, dass Gott nicht existieren kann bei so viel Unrecht und Leid. Nachdem das geklärt ist, sagt einer von ihnen: Nun lasst uns gehen und zu Gott beten. Vielleicht kann eine solche Geschichte am besten die Spannung zwischen Glauben und Zweifel beschreiben. Natürlich hadern wir. Und wir spüren auch den Stachel, der uns immer wieder anbohrt, mit der Frage etwa: Sollte Gott die Welt geschaffen haben? Das lässt sich doch alles wunderbar anders erklären! Diese Zweifel, all die Fragen können Teil werden des Gespräches mit Gott. Schon indem wir beten, glauben wir ja an die Existenz Gottes.

Margot Käßmann

13. Mai

Gelebte Religion

In unserer Zeit ist ein großes Bedürfnis nach erlebter und gelebter Religion, nach erfahrbarem Glauben wahrnehmbar. Viele Menschen fragen nach Religion, sind auf der Suche nach Halt im Glauben und im Gebet. Ich möchte Menschen ermutigen, ihren eigenen spirituellen Weg zu finden, sich auf die Erfahrungsdimension des Glaubens einzulassen, Sinnlichkeit statt Wortfixiertheit, Lebenslust und Erleben statt Enge und Strenge zuzulassen.

Wir haben einen ganzen Schatz an spiritueller Tradition! Ja, da ist eine Schatzkiste, denke ich oft, wir müssen sie nur öffnen. Und dann könnten wir einzelne Schätze hervorholen, das eine vielleicht zurücklegen, das andere aber neu aufpolieren oder auch eine Fortentwicklung wagen, die in unsere Zeit passt.

Margot Käßmann

14. Mai

Vater unser

Eines Tages wurde Jesus von seinen Begleitern gefragt, wie und was sie denn beten könnten, um ihrem neuen Verhältnis zu dem Gott, den Jesus ihnen zeigte, Ausdruck zu geben. Ihnen gab Jesus das eine Gebet, das seither in der Kirche als »Vaterunser« überliefert wird, als Grundbestand ihres und unseres Lebens vor Gott und mit Gott. Das bedeutet, dass die unbekannte Welt, die auf allen Seiten unseres Lebens beginnt und ins Ungeheure wächst, ins Unheimliche auch, und von der wir uns auf rätselhafte Weise umgriffen fühlen, ein Gesicht bekommt. Dass sie uns näher kommt und begreiflicher wird, vor allem vertrauenswürdiger, wenn wir sie als den Raum verstehen, in dem wir einem »Vater« begegnen.

Jörg Zink

15. Mai

Vater im Himmel

Vater im Himmel! Damit sagen wir: Gott! Wir wissen, dass du über uns bist wie der Himmel, um uns her wie die Luft, unter uns wie die Erde, in uns wie wir selbst. Wir sehen dich nicht und wissen doch, dass du uns hörst. »Himmel«, das ist deine Verborgenheit. Mit dem Wort »Himmel« deuten wir an, dass wir keinen Zugang zu dir fänden, wenn du nicht zu uns kämst. Du bist der Vater dieser ganzen Welt, der Sterne und des unendlichen Weltraums und so auch unserer Erde und Vater für uns Menschen. Wir danken dir, dass du bei uns bist, dass du uns hörst, wenn wir reden, dass du zu uns redest. Du bist die Kraft, die diese ganze Welt bewegt. Du willst, dass wir an deiner Kraft Anteil haben und am Reichtum deiner Gedanken. Dir vertrauen wir. Auf dich verlassen wir uns, Vater im Himmel.

Jörg Zink

16. Mai

Heilig

»Dein Name werde geheiligt«, so lautet die erste Bitte. Und es ist wirklich eine Bitte. Denn für uns Menschen hängt viel daran, ob wir noch wissen und respektieren, was und wer du bist. Wir nennen ja vieles heilig, das es nicht ist. Das Vaterland, die Liebe, die Rechtsordnungen, Kirchengebäude, religiöse Bräuche, Gottesdienste. Dich aber, der allein heilig ist, machen wir gern zu einem ohnmächtigen »lieben Gott«. Wir wollen aber, wenn wir dich anreden, unserem wirklichen Verhältnis zu dir Ausdruck geben. Wir stehen als unheilige Menschen vor dir, dem Heiligen. Wir wollen, dass diese Wahrheit nicht verfälscht wird. Wir sagen also: Hilf uns, dass wir nie vergessen, dass du nicht irgendwer, sondern der heilige Gott bist. Gib deinem Namen Gewicht und Kraft. Klarheit in unseren Gedanken. Fülle und Größe in unserem Herzen. Mach dich spürbar wie die Luft, sichtbar wie die Farben der Dinge, hörbar als deine Stimme. Und lass uns nie den unendlichen Abstand vergessen zwischen dir und uns.

Jörg Zink

17. Mai

Gottes Wille

»Dein Wille geschehe auf der Erde wie im Himmel.« Jeder, jede von uns hat einen eigenen Willen. Jedes Wesen dieser Welt will leben, und immer steht Wille gegen Willen. Aber wir haben verstanden, dass dein Wille der einzige ist, den zu verwirklichen sich lohnt. Wir bitten also, lass deinen Willen geschehen, auch gegen unseren Willen. Dein Wille kann wollen, dass wir zu leiden haben, dass wir in unseren Ängsten gefangen sind, dass uns alles fehlt, was uns das Leben sinnvoll erscheinen lässt. Aber wenn es dein Wille ist, so möge er geschehen. Wo wir Menschen am Werk sind, geschieht dein Wille nur, wo wir ihm Raum geben. Und immer ist die Gefahr, dass wir ihn hindern. Wir möchten aber, dass dein Wille Gestalt und Wirkung gewinnt auch unter uns Menschen. Wir möchten unser Leben dafür einsetzen, dass unter uns geliebt wird, getröstet, geschützt und befriedet. Nimm also unsere Herzen zu Werkzeugen deines Willens. Forme unsere Werke nach dem Bild deines Willens, sodass wir uns freuen, wenn dein Wille irgendwo Gestalt gewinnt. Denn wo sollten Erfüllung liegen und Sinn in unserem Leben, wenn nicht in deinem Plan und Wirken? Darum: Setze ihn durch nicht nur im Himmel, sondern auch bei uns. In uns. Und durch uns auf dieser Erde.

Jörg Zink

18. Mai

Die Gedanken in meinem Kopf

Konzentration besteht darin, dass wir unseren ganzen Menschen zusammenholen aus seiner Zerstreutheit. Wir leben im pausenlosen Gerede. Wir beginnen, auf unser Wort zu achten. Ist es genau? Ist es eindeutig? Ist es verständlich? Ist es so, dass es Wahrheit transportieren kann? Wir achten auf unsere Gedanken. Was geht alles in unserem Kopf vor? Was denkt es alles in uns, das wir nicht wollen? Was reden die Bilder, die durch unseren Kopf gehen?

Eine mittelalterliche Gebetsanleitung schildert, was uns hier fehlt: »Wehe über die Gedanken in meinem Kopf! Wie sie mir davoneilen! Durch wogende Menschenmengen eilen sie, durch Kreise spielender Mädchen, durch Wälder und Städte wie ein Wirbelwind. Der Erinnerung verloren, streifen sie nah und weit, von manchem großen Auftrag listig abgedrängt schleichen sie heim. Ohne Schiff gleiten sie über die See, mit einem Schwung fahren sie von der Erde zum Himmel auf. Es ist ein törichtes Wettrennen nah und fern, nach schwindelndem Lauf kehren sie zu mir zurück. Versucht man gleich, sie zu binden oder ihnen Ketten an die Füße zu legen – sie reißen sich los und eilen davon, unaufhaltsam, ohne Rast und Ruh. Weder Schwertes Schneide noch Peitschenhieb halten sie zurück. Schlüpfrig wie der Schwanz des Aals entgleiten sie meinem Griff.«

Jörg Zink

19. Mai

Die Tür schließen

Die leise Stimme im Grund unserer Seele hören wir nur, wenn wir abseits gehen. Wenn wir, wie Jesus sagt, »die Tür schließen«. Die Tradition spricht hier von »tacitas«. Wir reden nichts. Wir tun nichts. Wir nehmen nichts wahr. Wir sind zwar von Hause aus ein Gewirr von Empfindungen, Gefühlen, Wünschen, Ängsten und Widerständen. Dies alles erst einmal zum Schweigen zu bringen, ist eine lange und mühsame Arbeit. Aber wir wollen ja hören können, was uns gesagt wird. Mutter Teresa sagt: »Wenn du dich verändern willst, dann schweige.« Oder andere: »Höre auf den feinen Ton, der erklingt, wenn du nichts mehr hörst.«

Jörg Zink

20. Mai

Das Wort

Wir leben in einer Zeit der bunten, schreienden, lärmenden Wörter. Getön umgibt uns, Gerede, Geschwätz. Dazwischen Information. Aufforderungen. Lügen. Halblügen. Viertelslügen, gemischt mit Viertelswahrheiten und Halbwahrheiten. Je tiefer diese Zeit der Massenmedien uns in ihre lärmenden Neuheiten zwingt, desto weniger wird die Wahrheit noch kenntlich, noch unterscheidbar sein.

Das Wort aber ist unentbehrlich. Ein Mensch lebt davon, dass jemand ihn hört, dass jemand mit ihm spricht. Es muss jemand da sein, der ihn hört und dann sagt: Ich verstehe dich. Ich vertraue dir. Du bist nicht allein. Ich will dir helfen. Wo das Wort abstirbt, stirbt der Mensch ab.

Jörg Zink

21. Mai

Leer sein für Gott

Leer sein für Gott, das ist einer der wichtigsten Gedanken der spirituellen Meister. Und eine der schwersten Vorübungen innerhalb einer christlichen Meditation. Spirituelles Leben zielt weniger darauf, dass wir etwas als Gewinn einbringen – das steht ohnedies nicht in unserer Hand –, sondern darauf, dass wir sehr viel aufgeben, abgeben und weggeben. Spirituelles Leben gedeiht am genauesten in dem inneren Raum, in dem alles, was wir selbst sind, unwichtig wird.

Meister Eckart sagt: »Du sollst wissen, dass noch nie ein Mensch so von sich gelassen hat, dass ihm nicht eine noch größere Gelassenheit möglich gewesen wäre. Aber so vieler Dinge du dich aus deinem Eigenen begibst, mit so viel hält Gott Einzug in dir. Du musst dich nur aller Dinge, die du hinter dir lässt, redlich und vollkommen entäußert haben. Damit fang an und lass es dich alles kosten, was du nur aufzubringen vermagst. So findest du den wahren Frieden und nirgends sonst.«

Jörg Zink

22. Mai

Glaubensbekenntnis

Was stellen wir all dem Dunklen, Gefährlichen entgegen? Wir haben ein Glaubensbekenntnis. Mit dem aber beschreiben wir nicht den dreieinigen Gott, sondern die dreifache Erfahrung, die wir mit ihm machen. Wir erfahren ihn als den Schöpfer und Gestalter der Welt. Wir erfahren ihn in Jesus Christus. Wir erfahren ihn in uns selbst durch den heiligen Geist. Diese dreifache Erfahrung stellen wir allen unseren Lebenserfahrungen entgegen und sagen: Wir glauben an dich, Gott. Aus deiner Hand kommen alle Dinge. Aus dir kann nichts fallen. Aus deinem Plan kommen Glück und Leid für uns und alle deine Geschöpfe. In dich kehren wir zurück.

Jörg Zink

23. Mai

Gebet

Das Gebet ist wohl der einfachste Zugang zu Spiritualität. Da bedarf es keiner langwierigen Unterweisung, es betet sich sozusagen von selbst. Es ist gut, einen eigenen Ort für das Gebet zu haben oder eine feste Zeit. Es gibt das gemeinsame Gebet im Gottesdienst, aber vor allem auch das persönliche Gebet im Tagesablauf. Gebet ist auch Einübung einer gewissen Routine. Auf diese Weise kann das Gespräch mit Gott Teil unseres Alltags werden.

Margot Käßmann

24. Mai

Geborgenheit

Wenn Menschen in Angst und Gefahr nicht mehr ein noch aus wissen, ist das gemeinsame Gebet ein Angebot der Geborgenheit und Gemeinschaft.

So sind das persönliche Gebet und das gemeinsame Gebet, mein Gebet zu Gott und mein Gebet für andere tragende Säulen christlicher Spiritualität.

Margot Käßmann

25. Mai

Gespräch mit Gott

Wir beten ja nicht allein, sondern mit der ganzen Christenheit. Wir stehen sozusagen in einer Erdumkreisung des Gesprächs mit Gott. Auch so ist Gott präsent auf der ganzen Welt. Dass wir füreinander beten, stellt uns in eine Gemeinschaft. Einem anderen zu sagen: Ich bete für dich, kann Trost schenken, Belastung verteilen auf mehrere Schultern, es ermutigt in schweren Zeiten, weil ich weiß, ich bin nicht alleingelassen. So ist Beten sowohl Teil meiner Gottesbeziehung als auch Element unserer Gemeinschaft. Und wenn wir fragen, ob Beten Wirkung erzielt, so beginnt die Wirkung ja schon, indem wir uns zu Gott wenden und für andere einstehen.

Margot Käßmann

26. Mai

Miteinander

Christentum ist eine Gemeinschaftsreligion. So sehr wir individuell glauben, eine je eigene Gottesbeziehung haben, so sehr geht es doch von Anfang an um ein Miteinander. Das kann manchmal anstrengend sein und durchaus auch ein Miteinander in Konflikten bedeuten. Schon im ersten Korintherbrief in der Bibel können wir das nachlesen. Aber es geht immer um eine religiöse Existenz, die die Brüder und Schwestern im Glauben im Blick hat. Christliches Leben und Egomanie sind ein Widerspruch in sich selbst.

Margot Käßmann

27. Mai

Gottesdienst

In Psalm 147 heißt es: »Unsern Gott loben, das ist ein köstlich Ding«. Das heißt, es macht Gott Freude, wenn ich Gott zum Lobe singe, wenn wir gemeinsam zu Gott beten, wenn wir Gottes Wort hören. Gottesdienst ist ein Dialog zwischen Gott und Gemeinde, wir hören und antworten, wir bitten um Gottes Gegenwart und erfahren sie. Und die Liturgie gliedert dieses Fest, gibt ihm eine Form, wie ja all unsere Feste bestimmte Formen und Rituale kennen, die sich wiederholen, und immer auch Neues, das erprobt wird.

Margot Käßmann

28. Mai

Alte Formen

Es hat auch einen tiefen Sinn, die alten Formen beizubehalten. Gewiss gibt es neue Gottesdienstformen, die leichter zugänglich sind und heute ansprechender wirken, Gospelgottesdienste etwa. Und es kann gelernt werden, einen biblischen Text nicht herunterzuleiern, sondern ansprechend zu lesen, eventuell mit verteilten Rollen. Die Lieder können so ausgewählt werden, dass eine Gemeinde mitsingen kann, und fremde oder weniger bekannte Lieder können vor Gottesdienstbeginn eingeübt werden. Ich meine, es darf in Gottesdiensten auch geklatscht werden, wenn spontan ein Bedürfnis entsteht, Zustimmung auszudrücken. Aber wenn alles mundgerecht gemacht wird, geht auch etwas verloren. Ein Gloria ist ein Gloria und ein Kyrie ein Kyrie. Zudem sollte geklärt werden, wann gestanden wird, wann Menschen sitzen und wann sie – falls möglich – knien. Eine alte Faustregel lautet: Im Sitzen hören, im Stehen singen, im Knien beten.

Margot Käßmann

29. Mai

Gottesdienst als Gemeinschaftserfahrung

Christlicher Gottesdienst ist stets auch eine Gemeinschaftserfahrung im Hier und Jetzt, um den Globus herum und durch die Zeiten. Er kann sich nicht ständig verändern, jeden Sonntag Videoclips einbauen oder eine Talkshow werden. Wird das versucht, verliert er auch Würde. Gottesdienst ist nun einmal keine kurzweilige Unterhaltungssendung. Wir brauchen gemeinsame Gottesdienste in Gotteshäusern, weil der christliche Glaube zum einen den einzelnen Menschen in seiner Gottesbeziehung ernst nimmt, ihn aber immer als Teil einer Gemeinschaft sieht. Wir beten auch allein zu Gott, aber wir kommen zusammen, um gemeinsam Gottes Wort zu hören, miteinander zu singen und zu beten. Gemeinschaft im Hören, Singen und Beten ist Teil christlicher Spiritualität. Dass wir das offen gestalten können, ist nicht selbstverständlich. Die erste Christenheit hat dafür ihr Leben riskiert. Auch heute kann es, etwa in China oder in Indonesien, lebensgefährlich sein, an einem Gottesdienst teilzunehmen.

Margot Käßmann

30. Mai

Geistkraft

Der »Geist Gottes« beschreibt also, was an Energie, an Wirkung von Gott ausgeht. Er meint die Kraft, mit der Gott mich anrührt, und die Kraft, mit der ich mich ihm öffne, zugleich. Er ist die anrührende Kraft, die mich von Gott her trifft, angeht, beflügelt, aufrichtet, tröstet, führt und bewahrt. Er meint die Kraft, die mich in eine Gemeinschaft einbindet, die in mir selbst Wandlungen möglich macht oder neue Anfänge. Er ist, wie die Bildersprache der Bibel ihn malt, ein »Strom«, der auf mich zukommt, sich über mich »ergießt«, mich »erfüllt« und von mir aus »weiterströmen« will, hin zu anderen Menschen oder zu allen Dingen. Er wird mir »ins Herz gesenkt«. Er gibt mir Freiheit, offenen Raum, gangbare Wege. Was ich mit ihm empfange, gibt mir Gewissheit, Vertrauen, Stehvermögen.

Jörg Zink

31. Mai

Geist der Liebe Gottes

»Heiliger Geist« ist später für die Bibel nicht mehr die bloße Mächtigkeit, sondern die geistige Fülle, die aus der Höhe herabdrängt, herabströmt, die uns verwandeln will. Der Mensch wird dabei zum Träger nicht zunächst einer Macht oder Kraft, sondern einer Botschaft. Er geht auch nicht an der Begegnung mit einer Macht zugrunde, er findet vielmehr genau damit, dass ein Wort ihn findet, das Leben. Das Neue an der christlichen Deutung des Heiligen ist seine elementare Nähe, nicht mehr seine erschreckende Ferne. Seine Güte, nicht seine Gewalt. Nicht das Distanzgebot, sondern die Befähigung. Das Heilige erlöst. Es gibt Freiheit. Es wird nicht abgewehrt, sondern erbeten und dankbar empfangen. Der heilige Geist, der Geist des nahen, des heiligen Gottes, berührt den Menschen, bewegt und durchweht ihn. Er spricht zu ihm. Er tröstet ihn. Er ist der Geist der uns zugewandten Liebe, der Liebe Gottes.

Jörg Zink

1. Juni

Das Feuer will uns ergreifen

Das Feuer ist da. Es will uns ergreifen. Wir werden seine Nahrung sein. Und in dem Maße, in dem wir bereit sind, ihm zur Nahrung zu dienen, werden wir selbst Licht sein. Denn das Feuer will uns nicht verzehren, um uns auszulöschen, sondern damit mehr Licht sei. Es ist zu wenig, sich von irgendwelchen irdischen Energien verzehren zu lassen, die am Ende nur verlöschen können. Es muss schon das ewige Licht sein, auch wenn es scheinen mag, als würde ich dabei gemindert, auch wenn es scheint, als brächte es mir nichts weiter als Mühe, Schwächung, Alter und Tod. Es wird mir das Aufglühen in dem großen, ewigen Licht Gottes bringen.

Denn wir, die Bewohner einer vergehenden Welt, wissen: Etwas Festliches bereitet sich vor. Wenn die Sonne aufgeht, tut sie es ohne Lärmen. In großer Stille schafft sie den neuen Tag. In ihrem großen Gesang nimmt sie die Vollendung vorweg, die unserer Welt bestimmt ist. Wir aber, die schauen und hören, erwarten die Stunde, in der wir durch das Licht hinübergehen in eine unendliche, eine erlöste Welt.

Jörg Zink

2. Juni

Glaubenswahrheit vermitteln

Was müssen wir als Kirche, als Christinnen und Christen tun, um in unserer Zeit Menschen nahe zu bringen: Du kannst dich auf Gott verlassen. Gott kann der feste Grund in deinem Leben sein, wie ein Fels sozusagen, Jesus kann für dich ganz persönlich etwas bedeuten. Welche Sprache können wir finden, die weder verkitscht noch altertümlich oder aufdringlich ist, sondern schlicht überzeugend? Wenn heute kritisiert wird, die Kirchen dürften sich nicht den Medien anbiedern, christliche Wahrheit sei einfach nicht in einer Minute und dreißig Sekunden radiogerecht zu vermitteln, denke ich: Jedes der Gleichnisse Jesu lässt sich wahrscheinlich in einer Minute und dreißig Sekunden lesen. Das heißt, Jesus konnte Glaubenswahrheit mit einfachen Worten und lebensnahen Beispielen eindrücklich vermitteln. Und diese Gleichnisse sind sogar in allen Kontexten der Welt und durch 2000 Jahre hindurch für Menschen verstehbar geblieben. Der barmherzige Samariter, der verlorene Sohn, das Senfkorn als Zeichen für das Himmelreich – das ist nicht kompliziert, aber hat eine tiefe geistliche Dimension. Auch Sprache ist daher von spiritueller Bedeutung.

Margot Käßmann

3. Juni

Religiöse Erfahrung

Wir reden hier von »religiöser Erfahrung«. Wir meinen damit den Vorgang, dass uns, in uns selbst oder außerhalb von uns selbst, etwas begegnet, das in dieser Welt nicht vorkommt, in ihr nicht angelegt ist, und das auch die Bilderwelt unserer eigenen Seele nicht enthält. Eine Begegnung mit etwas, das anders, neu, überraschend, ängstigend oder beglückend und jedenfalls fremd ist. Ich kann dem, was mich überfällt oder anrührt, einen Namen geben, viele Namen, und werde wissen, dass ich »Es« oder »Ihn« damit nicht fasse. Es ist die Erfahrung eines »irgendwie Heiligen«, eines »Numinosen«. Und es ist die Erfahrung, dass dieses »irgendwie Heilige« auf irgendeine Weise in mein Dasein eingegriffen hat oder eingreift.

Jörg Zink

4. Juni

Etwas berührt mich

Wenn wir von »religiöser Erfahrung« sprechen, meinen wir damit nicht ein Verlassen unserer Welt, so, als sähen wir plötzlich Gott selbst, auf seinem himmlischen Thron sitzend. Sie geschieht verhaltener, verborgener, angedeuteter. Religiöse Erfahrung ist ein Ahnen oder ein Schock, eine Beglückung oder ein plötzliches Verstehen, das uns innerhalb irgendeiner anderen, einer normalen Erfahrung, trifft. In einem Schicksalsschlag, in einer Kunstbetrachtung, in einem Glück oder Unglück, in einer Naturerfahrung kommt etwas anderes zu uns, das uns deutet, was uns hier erreichen will. Das ist entscheidend: In aller Regel ist eine religiöse Erfahrung verborgen in einem normalen Ereignis, das uns begegnet und das sich uns nun öffnet.

Ich denke an gestern oder vorgestern oder an eine lange vergangene Zeit. Ich betrachte erinnernd den Lauf meines Lebens. Plötzlich merke ich: Irgendetwas erscheint vor mir neu und anders. Etwas berührt mich, ich weiß aber nicht, was es ist, das mich berührt.

Jörg Zink

5. Juni

Gottes Geist

Im Neuen Testament ist immer wieder von Gottes Geist die Rede. Der hierfür verwendete griechische Begriff »pneuma« wird im Lateinischen mit »spiritus« übersetzt. So sagt Jesus im Johannesevangelium: »Gott ist Geist, und die ihn anbeten, die müssen ihn im Geist und in der Wahrheit anbeten.« (Johannes 4,24) Das heißt, der Geist steht für die Dimension des Glaubens, die über diese Zeit und Welt hinausgeht, für die Innerlichkeit, für die göttliche Gegenwart, die uns immer neu begeistert. Spiritualität ist damit die Glaubensdimension, die sich durch die dritte Person der Trinität erschließt, den heiligen Geist. Durch Gottes Geist wird unsere Gottesbeziehung erfahrbar. Sie hat ihre Mitte in Jesus Christus und sie erhält ihre Kraft durch den Geist.

Margot Käßmann

6. Juni

Angerührt

Wir glauben, dass Gott nicht nur aus der Vergangenheit zu uns redet, sondern auch in unserer Gegenwart. Dass er nicht nur zu anderen Leuten gesprochen hat, sondern sehr genau auch zu mir spricht. Die Chiffre für diese Sprache Gottes in mir selbst und zu mir ist die Rede vom »Heiligen Geist«. Überall, wo Menschen zum Glauben finden, wo sie Hoffnung fassen, wo sie fähig sind zu lieben, reden wir davon, der Geist Gottes habe es ihnen gegeben. Die Bibel spricht, wenn sie vom Geist Gottes redet, vom Wind, von einer Taube, von einem Feuer, das heißt von Weisen, wie uns etwas anrührt, wie uns etwas aus der Höhe herab besucht, wie etwas uns umschmilzt. Das aber alles sind Weisen, wie uns etwas entgegentritt, uns trifft, uns ändert. Was uns trifft, ist Geist aus Gott. Es will uns füllen, am Ende will es uns ausmachen. Wenn wir selbst etwas von Gott erfahren, schauen, vernehmen, so reden wir vom Heiligen Geist. Und wir gewinnen dabei Gewissheit, Stehvermögen, Angstfreiheit, Vertrauen.

Jörg Zink

7. Juni

Kirche

Wir glauben an eine heilige, allgemeine, christliche Kirche. Diese Kirche ist frei und gibt Freiheit. Sie kennt keine Grenzen. Sie ist so weit, so umfassend und ungreifbar wie der Geist Gottes selbst. Wer sie beschreibt, grenzt sie ein. Sie ist zugleich so sichtbar, so leibhaft und fehlbar, wie alle die Menschen sind, aus denen sie besteht. Wer sie vergeistigt, löst sie auf. Wir glauben darum nicht, dass wir die Kirche ersetzen sollen durch eine weltliche Sozialordnung oder durch ein Friedensreich menschlicher Gerechtigkeit, und halten gegen die Meinung dieser Zeit die Wahrheit fest, dass Gott durch seine Kirche spricht und sprechen wird.

Jörg Zink

8. Juni

Echte christliche Gemeinschaft

Unzählige Male ist eine ganze christliche Gemeinschaft daran zerbrochen, dass sie aus einem Wunschbild heraus lebte. Gerade der ernsthafte Christ, der zum ersten Male in eine christliche Lebensgemeinschaft gestellt ist, wird oft ein sehr bestimmtes Bild von der Art des christlichen Zusammenlebens mitbringen und zu verwirklichen bestrebt sein. Es ist aber Gottes Gnade, die alle derartigen Träume rasch zum Scheitern bringt. Die große Enttäuschung über die Andern, über die Christen im allgemeinen und, wenn es gut geht, auch über uns selbst, muss uns überwältigen, so gewiss Gott uns zur Erkenntnis echter christlicher Gemeinschaft führen will.

Dietrich Bonhoeffer

9. Juni

Gott der Wahrheit

Gott lässt es aus lauter Gnade nicht zu, dass wir auch nur wenige Wochen in einem Traumbild leben, uns jenen beseligenden Erfahrungen und jener beglückenden Hochgestimmtheit hingeben, die wie ein Rausch über uns kommt. Denn Gott ist nicht ein Gott der Gemütserregungen, sondern der Wahrheit. Erst die Gemeinschaft, die in die große Enttäuschung hineingerät mit all ihren unerfreulichen und bösen Erscheinungen, fängt an zu sein, was sie vor Gott sein soll, fängt an, die ihr gegebene Verheißung im Glauben zu ergreifen.

Dietrich Bonhoeffer

10. Juni

Gottesgeist

Nun spricht aber die Bibel an vielen Stellen davon, wie Menschen das Wirken des Gottesgeistes erlebt, wahrgenommen oder erfahren hätten. Sie redet davon, Menschen würden vom Geist Gottes »erfüllt«, sie würden durch ihn verwandelt, angestoßen oder angeregt, ausgesandt, mit Sprache begabt oder mit emotionaler Kraft ausgestattet, sie empfingen unmittelbar von Gott ihren Lebensauftrag und die Klarheit ihrer Einsicht. Wo Gottes Geist am Werk sei, da geschehe auf Seiten des Menschen ein Hören, ein Schauen, ein Empfangen, ein Warten und Gespanntsein, ein Erfahren und Verstehen, auf der Seite Gottes ein Reden, Zeigen, Deuten. Beides aber voneinander zu trennen, sei nicht möglich. Dieses Einwirken des Geistes, dieses Zusammenrücken von Mensch und Geist Gottes zu schildern, bleibt unsere Kirche bisher weitgehend schuldig. Sollte denn all dies, was sich in uns aus Gottes Geist abspielt, unserer eigenen Seele und ihren Erfahrungen verborgen bleiben? Ein absurder Gedanke!

Jörg Zink

11. Juni

Geist Gottes

Eine der seltsamen Tatsachen, die uns seit der Zeit der dialektischen Theologie kaum aufgefallen sind, ist die, dass das Nachdenken über das Wesen und die Wirkungsweise des Geistes Gottes durch alle diese Jahrzehnte hindurch bei uns immer nur am Rande stattgefunden hat. Über ihn war aus den Lehrbüchern des christlichen Glaubens nur wenig zu erfahren, und was über ihn gesagt wurde, hatte wenig Gewicht und brachte für die Praxis wenig Folgen. Erst in den vergangenen zwanzig Jahren wurde das Thema von einigen wenigen Autoren wiederentdeckt. Dass Karl Barth, der große Meister, sein Riesenwerk der »kirchlichen Dogmatik« aus Altersgründen nicht vollenden konnte, begreift man leicht. Aber es ist vielleicht doch auch charakteristisch für das protestantische Denken im 20. Jahrhundert, dass gerade bei Barth unendlich breit und gründlich über Gott und Jesus Christus berichtet wird, aber genau der ganze Bereich der Lehre vom Heiligen Geist fehlt.

Jörg Zink

12. Juni

Bewegung, die Bewusstsein verändert

Geist ist also, nehmen wir alles zusammen, ein bewegendes Geschehen zwischen Gott und uns Menschen. Da fließt etwas. Strömt etwas. Da ist eine Bewegung, die unser Bewusstsein verändert, die alles, was wir erleben und erfahren, auf ein Ziel hin wendet, dem wir Gestalt geben in unserem Tun, sofern und soweit er selbst uns seine Kraft verleiht. Wer vom Geist bewegt wird, dem »geht etwas auf«, wie wir sagen. Der beginnt »durchzublicken«. Der begegnet Menschen wie auch sich selbst anders. Der fängt mit seinem Leben mehr und anderes an. Der schaut auf sein Schicksal anders voraus. Der ist fähiger, Leiden durchzustehen. Er wird zuversichtlicher sein und gelassener. Er wird mit der ihm gegebenen Kraft mehr bewirken.

Jörg Zink

13. Juni

Raum in der Welt

Es gehört zur Offenbarung Gottes in Jesus Christus, dass sie Raum in der Welt einnimmt. Aber es wäre allerdings grundverkehrt, diesen Raum nun einfach empirisch zu deuten. Wenn Gott in Jesus Christus Raum in der Welt beansprucht, – und sei es nur in einem Stalle, weil »sonst kein Raum in der Herberge« war – so fasst er in diesem engen Raum zugleich die ganze Wirklichkeit der Welt zusammen und offenbart ihren letzten Grund. So ist auch die Kirche Jesu Christi der Ort – das heißt der Raum – in der Welt, an dem die Herrschaft Jesu Christi über die ganze Welt bezeugt und verkündigt wird.

Dietrich Bonhoeffer

14. Juni

Raum der Kirche

Dieser Raum der Kirche ist also nichts für sich selbst Bestehendes, sondern etwas immer schon weit über sich Hinausgreifendes, eben weil es nicht der Raum eines Kultvereins ist, der um seinen eigenen Bestand in der Welt zu kämpfen hätte, sondern weil es der Ort ist, an dem von Begründung aller Wirklichkeit in Jesus Christus Zeugnis gegeben wird. Die Kirche ist der Ort, wo bezeugt und ernstgenommen wird, dass Gott die Welt in Christus mit sich selbst versöhnt hat, dass Gott die Welt so geliebt hat, dass er seinen Sohn für sie hingab.

Dietrich Bonhoeffer

15. Juni

Von Gott geliebte und versöhnte Welt

Der Raum der Kirche ist nicht dazu da, um der Welt ein Stück ihres Bereiches streitig zu machen, sondern gerade um der Welt zu bezeugen, dass sie Welt bleibe, nämlich die von Gott geliebte und versöhnte Welt. Es ist also nicht so, dass die Kirche ihren Raum über den Raum der Welt ausdehnen wollte oder müsste, sie begehrt nicht mehr Raum als sie braucht, um der Welt mit dem Zeugnis von Jesus Christus und von ihrer Versöhnung mit Gott durch ihn zu dienen. Die Kirche kann ihren eigenen Raum auch nur dadurch verteidigen, dass sie nicht um ihn, sondern um das Heil der Welt kämpft. Andernfalls wird die Kirche zur »Religionsgesellschaft«, die in eigener Sache kämpft, und damit aufgehört hat, Kirche Gottes in der Welt zu sein.

Dietrich Bonhoeffer

16. Juni

Verkündigung

Das der Kirche gegebene Mandat ist das der Verkündigung. Gott will einen Ort, an dem sein Wort bis ans Ende der Welt immer wieder gesagt, ausgesprochen, ausgerichtet, ausgelegt, ausgebreitet wird. Das in Jesus Christus vom Himmel gekommene Wort will wiederkommen in der Gestalt menschlicher Rede. Das Mandat der Kirche ist das göttliche Wort. In diesem Wort will Gott selbst gegenwärtig sein. In der Kirche will Gott selbst zu Wort kommen.

Dietrich Bonhoeffer

17. Juni

Wort der Offenbarung Gottes

Es ist das Wort der Offenbarung Gottes in Jesus Christus, das die Kirche verkündigt. Weil es also ein Wort ist, das aus keines Menschen eigenem Herzen, Verstand und Wesen, sondern aus dem Himmel, aus Gottes Willen und Erbarmen herab zum Menschen kommt, ein Wort aus Befehl und Einsetzung Jesu Christi, darum setzt es, indem es kommt, zugleich ein klares Gegenüber von Oben und Unten. Oben ist das Amt der Verkündigung, unten die hörende Gemeinde. An der Stelle Gottes und Jesu Christi steht vor der Gemeinde der Träger des Predigtamtes mit seiner Verkündigung.

Dietrich Bonhoeffer

18. Juni

Amt der Verkündigung

Der Prediger ist nicht der Exponent der Gemeinde, sondern – wenn der Ausdruck einmal gebraucht werden darf –, der Exponent Gottes gegenüber der Gemeinde. Er ist ermächtigt zur Lehre, zur Ermahnung und Tröstung, Sünde zu vergeben, aber auch Sünde zu behalten. Er ist zugleich der Hirte, der Pastor, der Gemeinde. Dieses Amt ist unmittelbar von Jesus Christus gesetzt, es empfängt seine Legitimation nicht durch den Willen der Gemeinde, sondern durch den Willen Jesu Christi.

Dietrich Bonhoeffer

19. Juni

Heilige Schrift

Das Amt der Verkündigung als Zeugnis von Jesus Christus ist gebunden an die heilige Schrift. Es muss hier der Satz gewagt werden, dass die Schrift wesentlich dem Predigtamt zugehört, der Gemeinde aber die Predigt. Die Schrift will ausgelegt und gepredigt sein. Sie ist ihrem Wesen nach nicht ein Erbauungsbuch der Gemeinde. Der ausgelegte Predigttext gehört der Gemeinde und von ihm aus gibt es ein »Suchen in der Schrift, ob es sich also verhält« (Akta 17,11), wie die Predigt es verkündigt hat, gibt es also im Grenzfall die Notwendigkeit des Widerspruchs gegen die Predigt aufgrund der heiligen Schrift.

Dietrich Bonhoeffer

20. Juni

Heiligkeit der Schrift

Aber auch damit ist vorausgesetzt, dass die heilige Schrift ihrem Wesen gemäß dem Lehramt zugehört. Der Griff nach der heiligen Schrift von seiten des einzelnen Christen oder einer Gruppe von Christen unter Berufung auf das gleiche Recht aller Christen, auf die Mündigkeit im Glauben, auf die Evidenz des Schriftwortes ist durchaus noch kein Zeichen besonderer Ehrerbietung und besonderer geistlicher Erkenntnis des Wesens der göttlichen Offenbarung. Viel Übermut, Unordnung, Aufruhr und geistliche Verwirrung hat hier ihren Ursprung. Es entspricht der Heiligkeit der Schrift zu erkennen, dass es eine Gnade ist, zu ihrer Auslegung und Verkündigung berufen zu sein, aber dass es auch eine Gnade ist, nur der Hörer der Auslegung und Verkündigung sein zu dürfen.

Dietrich Bonhoeffer

21. Juni

Heilige Räume

Wenn nun das Sprechen Gottes die Dinge heilig macht, können wir das Hören, das Vernehmen an den Dingen einüben. Dann hat es Sinn, von heiligen Räumen nicht nur im äußerlichen, sondern auch im spirituellen Sinn zu reden. Von heiligen Orten, von heiligen Wegen, heiligen Zeiten, heiligen Zeichen und heiligen Handlungen.

Heilige Räume gibt es überall. In der einsamen Hütte. Auf einer Insel. Auf einem Berg. In der Nacht unter den Sternen. In der abgeschlossenen Kammer. Im Kirchenraum. In einer Krypta. Es ist für viele suchende Menschen von heute eine Lebensbedingung, dass es Türen gibt, die sich vor ihnen öffnen und die sich hinter ihnen schließen; es ist die Bedingung für das Leben ihrer Seele.

Jörg Zink

22. Juni

Sprechende Räume

Ich habe mich viel in den Kathedralen Frankreichs aufgehalten und gesehen, wie Touristen eintreten, herumgehen und sich wieder entfernen. Wie irgendetwas im einen oder anderen zu erwachen scheint, ein Wunsch, angesprochen und einbezogen zu werden, wie dieser Wunsch nach kurzer Zeit erlischt und sie den Raum wieder verlassen. Was haben sie gehört? Was haben sie erfasst? Wovon sind sie erfasst worden? Worauf können sie nun ihre Antwort geben? Auf nichts?

Solche sprechenden Räume erfordern unsere Sammlung, unser Stehen oder Knien. Unsere Fähigkeit, zu hören, anzubeten, zu danken. Unsere Fähigkeit zum rühmenden Gebet. Denn unser Hören und Antworten, unsere Gebete, die Leiden, die Menschen mitbringen, der Trost, den sie empfangen, macht diese Räume heilig. Jedes Kind, das hier getauft wurde, macht sie heilig, jedes Paar, das hier den Segen Gottes empfing, jedes Gebet für einen Toten.

Jörg Zink

23. Juni

Das Spiel

Der Umgang mit der sprachfähigen Welt und mit der Sprachfähigkeit in uns selbst kann auch die Gestalt des Spiels annehmen. Das Spiel ist ein eigener, dargelebter Umgang mit dem Wort, das der Kirche anvertraut ist. Es ist ja ein tief in der Geschichte des christlichen Glaubens verwurzelter Irrtum, zu meinen, alles, was ein Mensch tue, müsse sich mit ethischen Maßstäben messen lassen. Alles sei entweder gut oder böse. Nein, vieles ist nur angemessen oder unangemessen, nur schön oder hässlich, nur stark oder schwach, lebendig oder verschlafen. In diesem weiten Feld nicht-ethischer Gesichtspunkte ist auch das Spiel angesiedelt oder die Kunst, die Musik. Zu den Formen, in denen sich ihr Ausdruck darstellt, gehören Gebärden, Bewegungen, Handlungen, Gewänder, Geräte, Bilder, gespielte Szenen, Chöre, Instrumente, Orgeln und Glocken, die alle durchaus fähig sind, der Anbetung Gottes im Geist und in der Wahrheit zur Sichtbarkeit oder Hörbarkeit zu verhelfen. Tun sie das, so gewinnen sie Anteil an der Heiligkeit dessen, was sie sagen wollen.

Jörg Zink

24. Juni

Dank

Es geht in der christlichen Gemeinschaft mit dem Danken, wie sonst im christlichen Leben. Nur wer für das Geringe dankt, empfängt auch das Große. Wir hindern Gott, uns die großen geistlichen Gaben, die er für uns bereit hat, zu schenken, weil wir für die täglichen Gaben nicht danken. Wir meinen, wir dürften uns mit dem kleinen Maß uns geschenkter geistlicher Erkenntnis, Erfahrung, Liebe nicht zufrieden geben und hätten immer nur begehrlich nach den großen Gaben auszuschauen. Wir beklagen uns dann darüber, dass es uns an der großen Gewissheit, an dem starken Glauben, an der reichen Erfahrung fehle, die Gott doch andern Christen geschenkt habe, und wir halten diese Beschwerden für fromm. Wir beten um die großen Dinge und vergessen, für die täglichen, kleinen (und doch wahrhaftig nicht kleinen!) Gaben zu danken. Wie kann aber Gott dem Großes anvertrauen, der das Geringe nicht dankbar aus seiner Hand nehmen will?

Dietrich Bonhoeffer

25. Juni

Wachsen nach Gottes Wohlgefallen

Es ist mit der christlichen Gemeinschaft wie mit der Heiligung der Christen. Sie ist ein Geschenk Gottes, auf das wir keinen Anspruch haben. Wie es um unsere Gemeinschaft, wie es um unsere Heiligung wirklich bestellt ist, das weiß allein Gott. Was uns schwach und gering erscheint, das kann bei Gott groß und herrlich sein. Wie der Christ sich nicht dauernd den Puls seines geistlichen Lebens fühlen soll, so ist uns auch die christliche Gemeinschaft von Gott nicht dazu geschenkt, dass wir fortgesetzt ihre Temperatur messen. Je dankbarer wir täglich empfangen, was uns gegeben ist, desto gewisser und gleichmäßiger wird die Gemeinschaft von Tag zu Tag zunehmen und wachsen nach Gottes Wohlgefallen.

Dietrich Bonhoeffer

26. Juni

Pneumatische Wirklichkeit

Weil christliche Gemeinschaft allein auf Jesus Christus begründet ist, darum ist sie eine pneumatische und nicht eine psychische Wirklichkeit. Sie unterscheidet sich darin von allen andern Gemeinschaften schlechthin. Pneumatisch = »geistlich« nennt die Heilige Schrift, was allein der Heilige Geist schafft, der uns Jesus Christus als Herrn und Heiland ins Herz gibt. Psychisch = »seelisch« nennt die Schrift, was aus den natürlichen Trieben, Kräften und Anlagen der menschlichen Seele kommt.

Dietrich Bonhoeffer

27. Juni

Das offenbare Wort Gottes

Der Grund aller pneumatischen Wirklichkeit ist das klare, offenbare Wort Gottes in Jesus Christus. Der Grund aller psychischen Wirklichkeit ist das dunkle, undurchsichtige Treiben und Verlangen der menschlichen Seele. Der Grund geistlicher Gemeinschaft ist die Wahrheit, der Grund seelischer Gemeinschaft ist das Begehren. Das Wesen geistlicher Gemeinschaft ist das Licht – »denn Gott ist Licht und in ihm ist keine Finsternis« (1. Joh. 1,5) und »so wir im Lichte wandeln, wie er im Lichte ist, so haben wir Gemeinschaft untereinander« (1,7).

Dietrich Bonhoeffer

28. Juni

Menschliches Ideal und Gottes Wirklichkeit

Es ist für jedes christliche Zusammenleben eine Daseinsfrage, dass es gelingt, rechtzeitig das Unterscheidungsvermögen zu Tage zu fördern zwischen menschlichem Ideal und Gottes Wirklichkeit und zwischen geistlicher und seelischer Gemeinschaft. Es entscheidet über Leben und Tod einer christlichen Gemeinschaft, dass sie in diesen Punkten so bald wie möglich zur Nüchternheit kommt. Mit andern Worten: ein gemeinsames Leben unter dem Wort wird nur dort gesund bleiben, wo es sich nicht als Bewegung, als Orden, als Verein, als collegium pietatis auftut, sondern wo es sich als ein Stück der Einen, heiligen, allgemeinen, christlichen Kirche versteht, wo es an Not, Kampf und Verheißung der ganzen Kirche handelnd und leidend teilnimmt.

Dietrich Bonhoeffer

29. Juni

Christus im armen Bruder

Jedes Ausleseprinzip und jede damit verbundene Absonderung, die nicht ganz sachlich durch gemeinsame Arbeit, durch örtliche Gegebenheiten oder durch familiäre Zusammenhänge bedingt ist, ist für eine christliche Gemeinschaft von größter Gefahr. Auf dem Wege der geistigen oder geistlichen Auslese schleicht sich immer das Seelische wieder ein und bringt die Gemeinschaft um ihre geistliche Kraft und Wirksamkeit für die Gemeinde, treibt sie in die Sektiererei. Der Ausschluss des Schwachen und Unansehnlichen, des scheinbar Unbrauchbaren aus einer christlichen Lebensgemeinschaft kann geradezu den Ausschluss Christi, der in dem armen Bruder an die Tür klopft, bedeuten. Darum sollen wir hier sehr auf der Hut sein.

Dietrich Bonhoeffer

30. Juni

Erfahrung christlicher Gemeinschaft

Es gibt wohl keinen Christen, dem Gott nicht einmal in seinem Leben die beseligende Erfahrung echter christlicher Gemeinschaft schenkt. Aber solche Erfahrung bleibt in dieser Welt nichts als gnädige Zugabe über das tägliche Brot christlichen Gemeinschaftslebens hinaus. Wir haben keinen Anspruch auf solche Erfahrungen, und wir leben nicht mit andern Christen zusammen um solcher Erfahrungen willen. Nicht die Erfahrung der christlichen Bruderschaft, sondern der feste und gewisse Glaube an die Bruderschaft hält uns zusammen.

Dietrich Bonhoeffer

1. Juli

Eintracht

Dass Gott an uns allen gehandelt hat und an uns allen handeln will, das ergreifen wir im Glauben als Gottes größtes Geschenk, das macht uns froh und selig, das macht uns aber auch bereit, auf alle Erfahrungen zu verzichten, wenn Gott sie uns zu Zeiten nicht gewähren will. Im Glauben sind wir verbunden, nicht in der Erfahrung.

»Siehe, wie fein und lieblich ist es, wenn Brüder einträchtig beieinander wohnen«, das ist der Lobpreis der Heiligen Schrift auf ein gemeinsames Leben unter dem Wort. In rechter Auslegung des Wortes »einträchtig« aber darf es nun heißen: »wenn Brüder durch Christus beieinander wohnen«; denn Jesus Christus allein ist unsere Eintracht. »Er ist unser Friede.« Durch ihn allein haben wir Zugang zueinander, Freude aneinander, Gemeinschaft miteinander.

Dietrich Bonhoeffer

2. Juli

Gelassenheit gegenüber Krisen

Im Kloster spiegelt sich die Kirche und das Kloster kennt alles, was es in der großen Kirche gibt: Bedrängnisse, Ängste, Polarisierungen, Spannungen. Die Dialektik von Enge und Weite, die Spannung zwischen der Einheit der ganzen Gemeinschaft und der Eigenart des Einzelnen sind das durchgehende Thema der Benediktusregel, die immer wieder zur discretio, zum maßvollen Unterscheiden und Abwägen mahnt. Sie ist der Versuch, im kleinen Bereich des Klosters zu ordnen, was auch der ganzen Kirche aufgegeben ist: alle auf ein großes Ziel hin zu vereinen und doch die Eigenart, die Würde und die Schwäche des Einzelnen zu berücksichtigen.

Wir sprechen von Krisen der Kirche und wir erfahren sie tagtäglich. Die benediktinische eineinhalbtausendjährige Geschichte gibt etwas Gelassenheit gegenüber den Krisen der Zeit. Auseinandersetzung und Spannung, Enge und Weite, Niedergänge und Neuaufblühen gehören zu jeder Periode der Kirchengeschichte.

Odilo Lechner

3. Juli

Ich trinke die Luft

Strahlender Gott.

Meine Arme halte ich empor, die Augen weit geöffnet, die Brust gereckt, die Lippen zu einem Lächeln geöffnet, die Stirn dem Himmel zugewandt. Ich schaue, warte, lausche. In den Adern kein Blut. Aber was? Freude!

Was willst Du, strahlender Gott, für Deine reichen Gaben?

Ich brauche keine Flügel; die Erde macht mich nicht schwer. Wolken mögen über mich dahinziehen, tausendfach ungezwungenes und reines und stolzes Pflanzengrün mich umgeben. Ein Bach murmelt.

Ich trinke die Luft: »Auf Dein Wohl, Gott«.

Ich stehe vor Dir im Festgewand, in der Seide der Sonnenfäden, habe mit einem Regenbogen meine Lenden gegürtet, atme Verlangen nach Gesang.

Janusz Korczak

4. Juli

Deine reichen Gaben

Was willst Du, sag, Gott, für Deine reichen Gaben? Für die Schneekristalle und die Seifenblasen? Für die Tiefe der Ewigkeit und die Himmelsweite?

Ja, ja! – schlägt das Herz, und in der von keinem Gedanken ergründeten Tiefe der Seele wird wieder und wieder, wieder und wieder ein neues Gefühl geboren.

Freude ist mir Empfängnis wie Tod.

Sprosse um Sprosse klimme ich empor zu Dir in eifrigem Bemühen, stille Schwester des Schlafs, bleicher Tod, Jungfrau – Königin.

»In Deine Hände.«

Janusz Korczak

5. Juli

Lächeln

Ein Schwarm von Kolibris, Blüten und Schmetterlingen hat mich überfallen. Ich stoße sie nieder in übermütiger Flucht, klatsche in die Hände, um sie zu verscheuchen, fange sie und werfe sie in die Luft. Ich verletze keine Flügel, verbiege kein Federchen, zerknittere kein Blütenblatt, schüttle nicht den bunten Staub ab. Glöckchen und Kelche flattern, fallen, verschmelzen alsbald mit dem Boden, atmen auf in der Runde durch des Fluges neue Flamme.

Die Arme emporgehoben, die Lippen zu einem Lächeln geöffnet.

»Was willst du von uns, Herr, für Deine reichen Gaben?«

Janusz Korczak

6. Juli

Gebet des Übermuts

Mir kommt es so vor, als hätten die Erwachsenen diese Eltern-, Vaterlands-, Nächsten- und Gottesliebe, alle diese Ehrungen und Ehrerbietungen, für sich erdacht. Wir aber haben ein Recht auf eigene Gefühle, eigenes Liebgewinnen. Im Gebet junger Leute sollte es Lachen, Tanz, Scherz, Eigensinn und Überraschungen geben, etwas von heidnischer Gottesverehrung und wilden Kulten. Schließlich bist Du nicht bloß in der Träne des Menschen, sondern auch im Fliederduft, nicht nur im Himmel, sondern auch in einem Kuss. Auf jeden eitlen Übermut folgen Traurigkeit und Sehnsucht. In der Sehnsucht aber sind, wie im Nebel verborgen, sowohl das Gesicht der Mutter als auch das Raunen des Vaterlandes, des Nächsten Leid und die Größe Deines Geheimnisses.

Janusz Korczak

7. Juli

Seltsames Geschöpf

Ich danke Dir, Schöpfer, dass Du Dich entschieden hast, ein so seltsames Geschöpf zu schaffen, wie ich es bin. Ein Verwirrter, jeglicher Logik zum Trotz, und dennoch so, wie sich's gehört, und da ich da bin, brauchst du mich wohl auch.

Janusz Korczak

8. Juli

Da ich mich selbst nicht kenne

Mein Gebet, Schöpfer, ist nicht so wie vordem, wie es alle beten, sondern ich bin es und heute – in eben diesem einzigen Moment, der sich nicht wiederholt. – Versteh: Dein Possenreißer-Prophet – und Bruder! Ich – aber weiß ich denn, was das für einer ist? Da ich mich selbst nicht kenne – einmal lächerlich würdevoll, dann wieder würdevoll lächerlich – scharwenzle ich wie ein Kater, stolz, demütig, zärtlich, bedrohlich, verächtlich. Insgeheim plappere ich alles aus, verkaufe Tränen, verliere Spazierstöcke und Taschenmesser; mit wachem Blick für den Schatten der Unfreiheit, der nach mir greift, zerreiße ich nicht, sondern verbrenne ich meine Ketten – und nur im leisen Flüstern sehe ich Dich, o Schöpfer, und dafür bin ich Dir grenzenlos dankbar. – Du glaubst nicht, dass ich beten will? – Ha! – Den Pfaffen zum Trotz – bist Du doch Gott – ich weiß, was das bedeutet.

Janusz Korczak

9. Juli

Ich danke Dir, Schöpfer

Ich danke Dir, Schöpfer, dass Du das Schwein geschaffen hast, den Elefanten mit seinem langen Rüssel, dass Du die Blätter ausgefranst hast und die Herzen, dass Du den Negern schwarze Gesichter gegeben hast und den Rüben Süße. Dank für die Nachtigall und die Wanze, dafür, dass ein Mädchen Brüste hat, dass die Luft den Fisch erstickt; dafür, dass es Kirschen und Blitze gibt, dass Du uns befohlen hast, aufs allersonderbarste zur Welt zu kommen, dass Du den Menschen so weit verdummt hast, dass er meint, man kann nicht anders; dass Du den Steinen, dem Meer, den Menschen einen Sinn gegeben hast.

Janusz Korczak

10. Juli

Die Hoffnung verliere ich nur für fünf Minuten

Alles erahne ich, nichts weiß ich. Als töricht empfinde ich gelesene Wahrheiten: Diejenigen haben Wert, die ich durchs Loch erspähe. Und weil ich das nur ungenau tun kann, irre ich mich immer. Um so besser: Ich bin!

Nichts weiß ich, alles errate ich. Du weißt, Schöpfer, was das heißt: alles!

Von Kopf bis Fuß nutzlos, muss ich – verdammt! – der erste sein. Die Hoffnung verliere ich nur für fünf Minuten, alles was klug ist, beginne ich ab morgen. Ich wälze mich, den Bauchnabel nach oben, im Sand, wärme mich auf; ich weine über den Birnbaum, weil er so allein im Feld steht, und küsse einem Greis die Schulter. Ernsthaft spucke und hasche ich, schlage Purzelbäume in die Luft und werde immer sechzehn Lenze zählen, Kukso spielen, auf den Fingern pfeifen und sämtliche Hosenknöpfe verspielen. – Von Kopf bis Fuß nutzlos – was wäre die arme Menschheit ohne mich? Ich lehre sie, die Sünde und Feuersbrünste zu lieben und aus voller, voller, voller Brust zu atmen.

Janusz Korczak

11. Juli

Sonne trinke ich

Über einer einzigen meiner Fragen brüten hundert stumpfsinnige Professoren ihr Leben lang. In niedliche rosa Öhrchen sende ich mein Gutenacht Tausenden von Mädchen und Buben. Alle räudigen Hunde schmiere ich mit Salbe ein. Die sich herumbalgende Vergangenheit schleife ich am Kragen hinaus und mache sie bekannt. Und aus der Pistole schieße ich in die Zukunft wie auf ein As. Und Sonne trinke ich, ohne zu blinzeln. Aber mich dünkt auch so, dass Du uns unerwartet geschaffen und die Erdachse schelmisch geneigt hast, dass Du damals ein wenig beschwipst gewesen bist: Einen Künstler erschafft man nicht nüchtern. Und diese ihre hochfeierlichen, unvergleichlichen Träume – das ist ja unser täglich Brot.

Janusz Korczak

12. Juli

Alles liebe ich übermütig

Denn wenn ich eins nicht mag, dann sind es die, die nüchtern sind, und wenn ich eins fürchte, dann die Strebsamen, die genau wissen, was sie wollen.

Meine Augenblicke – alles Findlinge und uneheliche Kinder – ohne Ordnung und Fürsorge – tanzen auf dem Seil, schlucken Feuer.

Ich stehle eine Birne aus fremdem Garten; kein schlimmes Vergehen – ich fliehe nicht, sondern flattere leicht davon. Stets zur rechten Zeit, betrunken, wache ich auf, krieche unbefleckt aus einer Pfütze, und Gott zürnt mir nicht – er ist nachsichtig.

Alles liebe ich übermütig – freudig – sorglos.

Janusz Korczak

13. Juli

Unendliches Geschenk

Wer Gott sucht, streckt sich nach der Unendlichkeit aus. Was uns Gott ähnlich macht, ist die Liebe, die kein Maß kennt. Aber sie ist nicht menschliche Leistung und irdischer Fortschritt, sondern unendliches Geschenk. Um es zu empfangen, darf das irdische, unendliche Gefäß nicht zerbrechen, seine Gestalt verlieren, sondern muss sein Maß bewahren. Unsere irdischen Kräfte und Regungen dürfen nicht zerfließen, sondern müssen geordnet sein, damit wir offen bleiben für die Gaben Gottes.

Odilo Lechner

14. Juli

Kirchen sind durchbetete Räume

Wer eine Kirche betritt, spürt, dass dies ein besonderer Raum ist. Hier werden die alten Geschichten erzählt, die Bedeutung haben über mein Leben, meine Welt hinaus. Hier ist das Wissen zu Hause, dass Gott existiert, dass mein Leben Sinn macht und ich gehalten werde. Das Evangelium wird hier gelesen, alte Texte von der Schöpfung, vom Volk Israel, Geschichten, die voller Geheimnisse sind und voller Weisheit. In Bildern werden sie festgehalten, nicht nur in Worten. Ich meine, es ist auch zu spüren, dass es durchbetete Räume sind. Menschen haben hier über die Jahrhunderte Glück und Leid vor Gott gebracht. Sie haben ihre Kinder zur Taufe gebracht oder sich einsegnen lassen bei Kommunion und Konfirmation. Sie haben die Eheringe miteinander getauscht und sie haben Trauerfeiern für ihre Toten abgehalten. Und Sonntag für Sonntag wurde hier gebetet: Vater unser im Himmel … Das prägt einen Ort, einen Raum.

Margot Käßmann

15. Juli

Glück

Jesus sagt: Du sollst glücklich sein. Nicht für einen Augenblick, sondern auf die Dauer. Glück ist die Sorglosigkeit, die dort entsteht, wo du deine Sorge Gott anheim gibst. Es ist die Gelassenheit, die dort einkehrt, wo der Wille Gottes an die Stelle getreten ist, an der sonst dein eigener Wille sich durchsetzt. Glück ist das Vertrauen, dass das Gelingen deines Lebens nicht von dir abhängt, sondern dir geschenkt wird. Sorglosigkeit ist Glaube an den Reichtum der Freundlichkeit Gottes, sie ist die Weise zu leben, in der die ihr Leben zubringen, die sonst Grund hätten, sich zu sorgen.

Jörg Zink

16. Juli

Leben in Fülle

Wer glaubt, lebt bewusster, ist dankbar für das kleine Glück, freut sich an Schönheit, am Gelingen. Schönheit wird als Begriff heute viel zu oft banalisiert! In der Bibel wird Schönheit geradezu gepriesen! Schon allein, wenn wir an die Schöpfung denken: »Gott sah an alles, was er gemacht hatte, und siehe, es war sehr gut!« (1. Mose 1,31) Es war sehr gut, ja, es war sehr schön. Und das kann doch auch der Mensch im 21. Jahrhundert noch unmittelbar empfinden: am Meer etwa, bei einem Waldspaziergang, mit Blick auf einen Sonnenaufgang: die Schöpfung ist wunderbar! Wir können sie preisen wie in den Psalmen, wir erfahren Schönheit und können erfülltes Leben entdecken, wenn wir die Schöpfung bewusst wahrnehmen. Dazu gehört auch, sie nicht zu verniedlichen, sondern sie zu respektieren mit ihren eigenen Gesetzen und Kräften. Es gibt auch in der Bibel eine Wertschätzung von erfülltem Leben, Liebe und Glück. Im Johannesevangelium etwa sagt Jesus: »Sie sollen das Leben in Fülle haben.«

Margot Käßmann

17. Juli

Achtung vor dem Augenblick

Lasst uns Achtung haben vor jedem einzelnen Augenblick, denn er verlöscht und wird sich nie mehr wiederholen, man muss ihn immer ernstnehmen; wird er verwundet, so blutet er, wird er getötet, so wird er mit dem Gespenst böser Erinnerungen schrecken. Wir wollen ihm doch gern erlauben, voller Vertrauen die Freude des Morgens zu trinken. Eben das möchte das Kind. Es ist ihm nicht schade um die Zeit für ein Märchen, für ein Gespräch mit dem Hund, für ein Ballspiel; es hat Zeit, ein Bild genau zu betrachten, Buchstaben zu malen und das alles mit Freuden. Und es hat recht. In unserer Naivität fürchten wir uns vor dem Tod und sind uns dessen nicht bewusst, dass das Leben nur ein Reigen ersterbender und neu geborener Augenblicke ist. Ein Jahr – das ist nur der Versuch, die Ewigkeit für den täglichen Gebrauch zu verstehen. Ein Augenblick dauert so lange wie ein Lächeln oder ein Seufzer. Die Mutter möchte ein Kind großziehen. Dies wird sie nicht erwarten: Ein ums andere Mal verabschiedet und begrüßt eine andere Frau einen anderen Menschen.

Janusz Korczak

18. Juli

Das Flüstern des Guten

Das Kind erregt unsere Aufmerksamkeit, wenn es stört und Verwirrung hervorruft; nur diese Momente bemerken wir und behalten sie im Gedächtnis. Wir sehen es nicht, wenn es ruhig, ernst und konzentriert ist. Wir missachten die heiligen Augenblicke seines Gesprächs mit sich selbst, der Welt und Gott. Das Kind ist gezwungen, seine Sehnsüchte und seine Begeisterung vor unserem Spott und einer harschen Bemerkung zu verbergen, es verheimlicht seinen Wunsch nach Verständigung, es gesteht nicht, dass es beschlossen hat, sich zu bessern. Es verbirgt den gefügigen, durchdringenden Blick, die Verwunderung, die Unruhe, das Bedauern – den Zorn und die Empörung. – Wir möchten gern, dass es hüpft und in die Hände klatscht, also zeigt es das grinsende Gesicht eines Bajazzo.

Lautstark wird über die bösen Taten und die bösen Kinder gesprochen, das Flüstern des Guten wird übertönt – und doch gibt es tausendmal mehr Gutes als Schlechtes. Das Gute ist stark und bleibt unverbrüchlich bestehen. Es ist nicht wahr, dass es leichter ist, zu verderben als zu verbessern.

Janusz Korczak

19. Juli

Trügerische Sehnsucht

Wir fordern Achtung vor den hellen Augen, den glatten Schläfen, der Bemühung und dem Vertrauen der jungen Menschen. Warum sollen denn ein erloschener Blick, eine runzelige Stirn, borstiges graues Haar, eine von Resignation gebeugte Gestalt verehrungswürdiger sein? Es gibt den Sonnenaufgang und den Sonnenuntergang. Das Morgengebet und das Abendgebet. Das Einatmen und das Ausatmen, die Kontraktion und die Diastole des Herzens. Der Soldat ist, wenn er aus der Schlacht kommt, mit Staub bedeckt. Eine neue Generation wächst heran, eine neue Welle erhebt sich. Sie kommen mit ihren Fehlern und Vorzügen; schafft ihnen Bedingungen, unter denen sie besser aufwachsen können. – Wir gewinnen den Prozess gegen das Totenhaus der Erbkrankheiten nicht; zu den Kornblumen können wir nicht sagen, sie sollen zu Getreide werden. Wir sind keine Wundertäter – wir wollen keine Scharlatane sein. Wir verzichten auf die trügerische Sehnsucht nach vollkommenen Kindern.

Janusz Korczak

20. Juli

Eingebettet in das Hier und Jetzt

Es ist mir wichtig, wenn wir über Spiritualität nachdenken, die Gottesliebe, die Selbstliebe und die Nächstenliebe in einer Balance zu halten. Nach meinem Verständnis der Bibel geht es im Christentum nie nur um einen Aspekt, sondern stets um alle drei gemeinsam. Wir stehen in einem Beziehungsdreieck mit unserem Glauben zwischen Gott, uns selbst und den Nächsten. Deshalb ist christliche Spiritualität nie weltabgewandt oder individualistisch, sondern stets eingebettet in das Hier und Jetzt. Die Inschrift über dem Pfarrhaus auf der Insel Hiddensee drückt diese Spannung zwischen Gottes Gabe und unserer Verantwortung auf wunderbare Weise aus: »Gottes ist Woge und Wind. Aber Segel und Steuer, dass ihr den Hafen gewinnt, sind euer.« Christliche Spiritualität bewegt uns, schenkt uns Möglichkeiten, ja, um mit einem anderen maritimen Bild zu arbeiten, sie verankert uns auch, gibt Halt. Aber sie weist uns immer in die Welt hinein, sie entzieht uns nicht dem Hier und Jetzt, sondern eröffnet Möglichkeiten, zu leben und zu handeln. Solche Spiritualität stärkt uns im Glauben, sie gibt unserem Leben Balance, damit wir eintreten können für Recht und Gerechtigkeit.

Margot Käßmann

21. Juli

Spiritualität gibt Menschen Kraft

Wenn Spiritualität ein ökumenischer Zukunftsbegriff ist, dann auch, weil wir durch sie stark werden in der Solidarität mit Schwestern und Brüdern in aller Welt. Weil die Starken dadurch bereit werden, für die Schwachen einzutreten, weil die Schwachen dadurch wissen, dass sie nicht verloren und allein gelassen sind, sondern Teil der Familie der Kinder Gottes. Solche Spiritualität gibt Menschen die Kraft, sich nicht abzufinden mit den vorfindlichen Verhältnissen. Sie gibt den Mut, aufzubegehren gegen Unrecht und Gewalt. Sie gibt Energie, den Zirkel der Egomanie zu verlassen und für ein Miteinander einzutreten. Vielleicht ist das im Zeitalter der Ökonomisierung aller Lebensbereiche die größte Herausforderung, die Spiritualität in diese Welt bringt. Für mich ist das auch der elementare Unterschied zu allen Formen von rein auf das Ich konzentrierter Spiritualität.

Margot Käßmann

22. Juli

Wahrhaftigkeit

Romano Guardini zitiert den eigenartigen Satz aus dem Epheserbrief, die Christen sollten »aletheuein en agape«. (Eph 4,15) Die Einheitsübersetzung versteht diese Worte so: »Wir wollen uns, von der Liebe geleitet, an die Wahrheit halten.« Doch wörtlich heißt es: »in Liebe wahrheiten, in Liebe die Wahrheit sagen, tun, sein«. Wahrhaftigkeit meint also nie nur das Sprechen, sondern auch das Sein, das Übereinstimmen mit seinem innersten Wesen. Und Wahrhaftigkeit meint eine Beziehung zum andern aufnehmen, in der die Liebe bestimmend ist. Es gibt keine Wahrhaftigkeit ohne Liebe. Ohne Liebe wird der Drang, die Wahrheit zu sagen, aggressiv und verletzend. Die Liebe bewahrt uns davor, dass wir dem andern die Wahrheit ins Gesicht schlagen. Aber zugleich schützt sie uns, dass wir uns nicht verbiegen. Denn das ist die andere Gefahr, dass man vor lauter Rücksicht auf den andern die Wahrheit zurück hält. Das Sprichwort sagt: »Die Wahrheit darf man auch dem Freunde nicht opfern.« Die Liebe entscheidet, wie und ob ich dem Freund die Wahrheit sage. Die Liebe verbiegt die Wahrheit nicht. Doch sie gibt ihr ein Gewand, das der Freund anziehen mag.

Anselm Grün

23. Juli

Lindernde Stille

Wenn unser Geist, ermüdet von den Sorgen des Alltags, die Nerven, von der fieberhaften Arbeit geschwächt, und unser ganzer Organismus, in seinen Grundfesten erschüttert, anfangen, ihren Dienst zu versagen, dann ist es heilsam, sich aus der ungesunden Umgebung loszureißen, eine Zeitlang die Probleme, das, was uns beschäftigt, in Beschlag nimmt und lästige Pflicht ist, abzuschütteln und zu vergessen. Neue Gesichter, eine neue Umgebung, neue Lebensbedingungen, neue Empfindungen und Eindrücke löschen rasch das im Gedächtnis aus, was am ärgsten zugesetzt hat, und stärken uns moralisch, indem sie den Hunger nach neuen Eindrücken stillen.

Wo soll man Erholung und Gesundheit suchen, wenn nicht in den Bergen. Wo soll man Gesundheit suchen, wenn nicht da, wo die gewaltigen Riesen herrschen, die immer bereit sind, der bettelnden Menschheit einen kleinen Teil der Reichtümer abzugeben, über die sie verfügen, wo soll man sich erholen, wenn nicht inmitten dieser lindernden Stille, dieser Stille der träumenden Natur.

Janusz Korczak

24. Juli

Stille finden

Wenn wir Stille zulassen, machen wir Gotteserfahrungen möglich. Nichts lenkt uns ab. In die Stille können wir nicht springen wie in einen Pool. Wir müssen langsam zur Stille finden, uns in die Stille einüben. Stille gelingt nur durch eigenes Schweigen. Aber anders als bei meinem eigenen Schweigen setzt sie auch das Schweigen der anderen voraus. Ich muss Stille finden in Absprache mit anderen oder an einem Ort der Stille. Dieser besondere Ort muss ermöglichen, dass ich all die vielen Geräusche des Alltags abhalten kann. Ich kann Stille nicht mitten in Hannover oder München finden, nicht am menschengefüllten Strand auf Mallorca. Die Natur bietet Stille. In Kirchen kann ich Stille erfahren. Aber kein anderer Ort ist wohl so geeignet wie ein Kloster. Diese klösterlichen Räume sind für die Stille geschaffen, ja sie atmen Stille. Ich habe erlebt, dass selbst Touristen, die in ein Kloster zur Besichtigung kommen, die Stimme senken, leiser werden, weil sie spüren: Dies ist ein Ort der Stille. Das ist selbst in Kirchen zu erleben. Auf solche Weise entsteht Andacht allein durch die Ausstrahlung der Räume.

Margot Käßmann

25. Juli

Stille erleben

Viele Menschen, die mit der Stille bewusst spirituelle Erfahrungen sammeln, erleben, dass sie diese Schritt für Schritt finden können. Stille kann auch unruhig machen, zu viel werden. Deshalb ist es gut, sich anleiten zu lassen, Wege in die Stille zu finden – und auch wieder hinaus! Oder sich selbst auf einen Weg zu begeben, tastend und suchend. Niemand sollte plötzliche Stille auf längere Zeit erzwingen. Das kann beängstigend sein oder auch bedrückend, es kann Einsamkeitsgefühle auslösen oder Beklemmung. Aber Zeiten der Stille etwa in den Ablauf eines Tages oder einer Woche einbauen, das kann uns helfen auf der Suche nach Vertiefung unseres Glaubens. Wie beim Schweigen gilt es, den eigenen Zugang zu finden, den eigenen Rhythmus, die eigene Form und Zeit.

Margot Käßmann

26. Juli

Spuren des verlorenen Paradieses

Manchmal meinen wir, die Erde sei ein Paradies. Manchmal meinen wir, sie sei eine Hölle. Manchmal fasziniert uns die Welt, als sei sie Gott, ein Gott, der uns begeistert, in Anspruch nimmt, ganz in seinen Bann zieht. Manchmal meinen wir, Gott, das Gute, das Schöne, sei gänzlich abwesend, sei fernab von dieser vermodernden, kalten, abscheulichen Welt zu suchen. Seit Jesus – der von dieser Erde und von Gott ist –, seit seinem Ruf: »Kehrt um, das Reich Gottes ist nahe« (Mk 1,15), wissen wir: Die Welt ist nicht göttlich, aber sie trägt die Spuren des verlorenen Paradieses in sich. Sie ist Abglanz, schwaches Bild des ewigen Schöpfers. Vor allem: Sie lässt etwas ahnen von einer Zukunft, in der sie ganz Gott gehört, in der sie göttlich wird.

Odilo Lechner

27. Juli

Harmonie von Leib und Seele

Es ist bedenklich, dass unsere Vorstellungen vom Leben eines Mönches zusehends aus dem Östlichen, Nicht-Christlichen geprägt werden. Die Leute meinen oft, dass ein Mönch nichts anderes tut, als fein zu meditieren, und die Zeit mit geistlichen Übungen zubringt. Das christliche Ideal vom klösterlichen Leben sieht aber anders aus: Da wir Christen den Menschen als eine Einheit von materiellem (guten!) Leib und geistiger (guter!) Seele verstehen, zielt das Klosterleben auf die Harmonie von Leib und Seele, von Tun und Ruhen, von Arbeit und Gebet ab.

Karl Josef Wallner

28. Juli

Künstlerischer Reichtum

Das Arbeiten ist daher im Kloster genauso wichtig wie das Gebet. Ein christlicher Mönch lebt nach der Formel »ora et labora«, »bete und arbeite«. Religion strebt immer nach Kultur, das Wort »Kultur« kommt ja vom lateinischen *»colere«*, *»cultus«*, und das heißt »verehren«, »anbeten«. Daher kommt unser Wort »Kult«. Kultur und Kunst sind ja der Versuch, sich dem Unaussprechlichen, dem Jenseitigen, ja letztlich dem Göttlichen anzunähern und seine Faszination in Gestalt und Bild zu fassen. Die Menschen staunen oft über den künstlerischen »Reichtum« unserer alten Stifte. Sie staunen umso mehr, wenn man ihnen erzählt, dass unsere Vorfahren das Kloster mit eigenen Händen erbaut haben; dass viele Skulpturen und Gemälde, vieles von dem Kunsthandwerklichen des Barock und des Biedermeier aus der Hand der Mönche selbst stammt. Dass Mönche Künstler sind, hat Tradition, ja es liegt eigentlich in der Logik des Mönchtums.

Karl Josef Wallner

29. Juli

Jubel der Schöpfung

Der Jubel der Schöpfung wird in der Bibel oft beschrieben. Die Berge jauchzen, die Quellen sprudeln zum Lobe Gottes. Dem naturentwöhnten Stadtmenschen des 21. Jahrhunderts fällt es manches Mal schwer, das nachzuvollziehen. Und doch ist der Weg, Schöpfung zu erleben, ja gar nicht weit. Dazu muss ich nicht gleich weite Reisen unternehmen. Ein Waldrand ist für jeden Menschen im Land erreichbar. Dort tief zu atmen, das Rauschen zu hören, wahrzunehmen, wie Wachsen und Vergehen ohne unser Zutun verläuft, das kann erhebend sein. Es geht um Staunen, Innehalten, um bewusstes Wahrnehmen. Auch in unserer hochtechnisierten Welt gibt es die Erfahrung, überwältigt zu sein von einem Sonnenuntergang, berührt zu werden vom Anblick eines Regenbogens, die große Macht eines Gewitters zu erleben. So mancher Mensch hat in derartigen Naturerlebnissen an Gott gedacht, sich Gott nahe gefühlt, ein Gebet gesprochen.

Margot Käßmann

30. Juli

Der Grund, Gott zu lieben

Man geht nicht ins Kloster, weil man dieses und jenes erreichen will; oder gar, weil man von dieser oder jener Enttäuschung im Leben ernüchtert ist. Man geht ins Kloster, weil man ein großes Ideal hat: Gott über alles zu lieben. Die Liebe zu Gott ist nichts Gekünsteltes, keine krampfhafte Verkehrung des Denkens oder frömmlerische Verrenkung des Gefühles, nein, sie ist das Natürlichste, das es gibt. Sie ist die Sehnsucht des Geliebten nach dem Liebenden. Weil ich von Gott unermesslich geliebt bin, treibt mich eine Sehnsucht, Gott maßlos zu lieben. Der Satz Bernhards ist berühmt geworden: »Der Grund, Gott zu lieben, ist Gott selbst; das Maß, ihn zu lieben, ist ohne Maß zu lieben.«

Karl Josef Wallner

31. Juli

Lebenswelt der Mönche

Ich erinnere mich noch gut an die Faszination, die diese geprägte Lebenswelt der Mönche auf mich ausübte. Eine Fremdartigkeit, die nicht abstieß, sondern anzog. Eigentümlich ist, dass ich mich nicht mehr an Gespräche, die damals sicher stattgefunden haben, erinnern kann. Hingegen sind statt Worte Bilder und Eindrücke hängen geblieben und haben sich mir unauslöschbar eingeprägt. Damals empfand ich alles aufregend und »romantisch«: die Mönche mit ihren weiten weißen Gewändern, die sich allabendlich im Kreuzgang vor dem mächtigen Abt verneigten und sich geräuschlos auf ihre Plätze setzten. Über den Köpfen flog von all dem ungestört eine Fledermaus hin und her und warf dabei ihre lautlosen und unruhigen Schatten auf die Mönche, die gesammelt der Lesung lauschten. Ich erinnere mich auch noch, wie damals, als wir nach der Lesung durch das alte Tor über viele Stufen in die Kirche hinaufstiegen, mein Blick zufällig nach oben ging in das hohe und dunkle Gewölbe der Abteikirche, das in der Dämmerung noch erhabener aussah als am Tag.

Karl Josef Wallner

1. August

Eingewurzelt

Unter einem Baum stand ich im Regen. Von seinen Blättern tropfte es und tropfte. Und der Baum war, so schien mir, dessen zufrieden. Es war derselbe Baum, der an einem anderen Tag mit seiner Krone das Licht der Sonne auffing oder auf seinen Armen eine Last von Schnee trug. Der im winterlichen Nebel als seltsam fremdes Wesen dämmerte, bis er wieder seine klare Gestalt gewann. Unter ihm war Verlässlichkeit. Über ihm waren die Bläue oder die jagende Wolke. Er wandelte sich mit den Jahreszeiten. Und er stand. Er blieb bei sich selbst. Was mich besonders faszinierte, war sein Wurzelwerk. Was mag es alles an Gestein und Getier umschließen, an Erde und Geröll? Und wenn ich heute daran weiterdenke: Was für eine Kraft in den feinen, weit verzweigten Wurzeln! Gehe ich ihnen nach, so empfinde ich, ich läse die Schrift des Lebens rückwärts, dorthin, wo es herkommt, herauf aus seinen Ursprüngen. Wir sollen ja, wenn wir uns schon in himmelhohe Gedanken über die Wipfel hinaufträumen, in dieses Leben einwurzeln. Eins werden mit dem Erdboden. Einwurzeln in den dunklen, unbekannten Grund. Wenn wir also, wie manche mit Recht sagen, unsere Wurzeln im Himmel haben, dann ist die dunkle, steinige Erde unser erster Himmel.

Jörg Zink

2. August

Erfahrung

Erfahrung, so sagt uns dieses Wort, wird gewonnen auf einer »Fahrt«. Die »fahrenden Gesellen« früherer Zeiten wanderten, weil sie ihre Erfahrung um die Erfahrungen fremder Menschen erweitern wollten. Was ein junger Zimmermann in einer fremden Stadt und von fremden Meistern an Handgriffen und an Konstruktionen lernen konnte, das wurde seine »Erfahrung«, der Gewinn seiner »Fahrt«.

Wir sind unterwegs auf der Fahrt durch unser Leben und durch unsere Welt, und es sammelt sich in uns während dieser Fahrt eine Menge Erfahrung an. Wir begegnen Wirklichkeiten der verschiedensten Art. Wirklichkeiten, die wir mit den Augen sehen. Wirklichkeiten, die wir hören, die wir fühlen und schmecken. Wirklichkeiten, die jedermann als solche erkennt. Aber auch geträumte Wirklichkeiten, phantasierte, erdachte. Was ist denn Wirklichkeit? Wenn wir dem Wort nachgehen, so wird Wirklichkeit alles sein, was wirkt. Was sich auswirkt. Was auf andere einwirkt. Was in der Zeit weiter wirkt.

Jörg Zink

3. August

Erfülltes Leben

Die Bibel weiß etwas von erfülltem Leben. Aber ihre Version ist nicht so banal und käuflich wie das, was heute die Werbung anpreist: Kaufst du was, dann bist du glücklich. Erfülltes Leben kann niemand kaufen. Ich spüre es an einem besonderen Tag, der wunderbar ist, weil er einfach intensiv gelebt wurde. Ein glücklicher Mensch ist jemand, der etwas weiß und zeigt vom Leben in aller Tiefe. Erfüllt ist eine Zeit, die das Leben spürbar gemacht hat, die Wahrnehmung der Natur, ein Lachen, das aus Lebensfreude kommt.

Margot Käßmann

4. August

Wo wohnt Gott?

Rabbi Mendel von Kozk überraschte einst einige gelehrte Männer, die bei ihm zu Gast waren, mit der Frage: »Wo wohnt Gott?« Sie lachten über ihn: »Wie redet Ihr! Ist doch die Welt seiner Herrlichkeit voll!« Er aber beantwortete die eigene Frage: »Gott wohnt, wo man ihn einlässt.«

Das ist es, worauf es letzten Endes ankommt: Gott einlassen. Man kann ihn aber nur da einlassen, wo man steht, wo man wirklich steht, da wo man lebt, wo man ein wahres Leben lebt. Pflegen wir heiligen Umgang mit der uns anvertrauten kleinen Welt, helfen wir in dem Bezirk der Schöpfung, mit der wir leben, der heiligen Seelensubstanz zur Vollendung zu gelangen, dann stiften wir an diesem unserem Ort eine Stätte für Gottes Einwohnung, dann lassen wir Gott ein.

Martin Buber

5. August

Pilgern

Pilgern ist für mich eine wunderbare Form, Bewegung und Spiritualität zu verbinden. Viele stehen dem Pilgern skeptisch gegenüber: Ist das nicht einfach eine Form von andern? Sind das nicht schlicht Spaziergänge, die jetzt neu betitelt und dadurch aufgewertet werden? Pilgern unterscheidet sich vom Wandern durch die Ziele. Zum einen die äußeren Ziele: Wir pilgern auf Wegen, auf denen Christinnen und Christen lange vor uns bereits gegangen sind hin zu Klöstern, Grabstätten oder Kirchen. Zum andern durch das innere Ziel: Wir pilgern, weil wir unseren Glauben vertiefen wollen. Die Naturerfahrung, die Körpererfahrung und das Gespräch mit Gott oder über den Glauben helfen dazu. Pilgern ist ein »Gehen mit Gott«. Nicht Buße oder die Erfüllung von Gelübden stehen heute beim Pilgern im Vordergrund wie im Mittelalter, aber doch heute wie damals die Sehnsucht nach einer Begegnung mit Gott. Auf dem Weg wird neu Glaube gesucht, viele hoffen wohl auch darauf, beim Pilgern weiter weg vom Alltag zu kommen und auf diese Weise näher bei Gott zu sein.

Margot Käßmann

6. August

Über die Welt hinaus

Das unruhige Herz ist die Wurzel der Pilgerschaft.
Im Menschen lebt eine Sehnsucht.
(Augustinus)

Pilgern heißt, den Weg der Sehnsucht zu gehen. Die Sehnsucht aber führt mich über die Welt hinaus. Sie zeigt mir, dass in mir etwas ist, das diese Welt übersteigt. Im Pilgern komme ich in Berührung mit meiner Sehnsucht. Sie ist die Spur, die Gott in mein Herz gegraben hat. Um sie zu fühlen, folge ich den Fährten, die andere Pilger in diese Welt eingegraben haben.

Anselm Grün

7. August

Aufbruch

Der Aufbruch steht am Anfang des Weges. Aufbrechen beinhaltet immer den Mut zu etwas Neuem, zu einem Abenteuer. Aufbrechen hat immer aber auch etwas mit Abbrechen zu tun. Den gewohnten Gang des Alltags muss ich abbrechen, damit der Aufbruch gelingt. Noch weiß ich nicht, was mich erwartet.

Ich habe Angst, mich auf den Weg zu machen. Denn der Aufbruch wird mich in die Einsamkeit treiben. Ich weiß nicht, was mich auf meinem Weg erwartet. Märchen und Mythen sagen, dass ich, wenn ich mich auf den Weg gemacht habe, schützende Begleiter finden werde.

Anselm Grün

8. August

Geheimnis meines Lebens

Seit jeher ist der Weg ein Ursymbol für das, was den Menschen ausmacht. Als Pilger suche ich auf dem Weg das Geheimnis meines Lebens. Ich gehe mich frei von allem, was mich bestimmt, bis ich mich selbst spüre und bei mir ankomme.

Ich stehe oft vor Kreuzungen und weiß nicht, welcher Weg mich zum Ziel führt. Der breite Weg ist der Weg, den alle gehen, wenn auch oft unbewusst. Der enge Weg ist der Weg, der nur für mich bestimmt ist. Und das enge Tor ist das Tor, durch das ich allein gehen soll.

Anselm Grün

9. August

Gehen und beten

Seit jeher hat das Gehen eine enge Beziehung zum Beten. Nicht nur, dass man beim Gehen gebetet hat, sondern dass das Gehen selbst eine Art und Weise des Betens war. Als Pilger gehe ich betend meinen Weg mit dem Ziel der Einigung mit Gott. Ich werfe fremde Bilder ab, die mich einengen, gehe letztlich auf die Wahrheit zu, auf mein wahres Ich.

Anselm Grün

10. August

Meinem Leben eine Wende geben

Wenn ich spirituell lebendig bleiben will, muss ich mich auf den Pilgerweg zu Gott machen. Ich habe Gott nicht als Besitz, sondern ich gehe ihm entgegen. Im Fahren werde ich erfahren, im Wandern bewandert. Und im Wandeln wandele ich mich, damit Gott mehr und mehr Besitz von mir ergreift. Pilgerschaft hat immer mit Umkehr und Bekehrung zu tun. Der Aufbruch ist schon eine Umkehr. Sie soll mich bekehren, meinem Leben eine Wende zu geben. Doch diese Umkehr setzt einen langen Weg voraus, auf dem ich vielleicht auch umkehren muss, wenn ich in die falsche Richtung gegangen bin. Diese Erfahrung bleibt nicht einfach nur äußerlich, sondern sie ist voller Symbolik.

Anselm Grün

11. August

Mit mir in Berührung

Unsere Heimat ist der Himmel (Philipper 3,20). Das Ziel meines Weges ist es anzukommen. Das äußere ist oft ein Wallfahrtsort – doch habe ich auch ein inneres Ziel. Starke Gefühle beschäftigen mich. Ich bin wie ein neugeborener Mensch, der daheim ist. Ich habe mein wahres Selbst entdeckt und bin mit mir in Berührung.

Anselm Grün

12. August

Gerufen

Ein Kloster ist ein Ort, wo Menschen leben, die von Gott angerufen wurden, die vom allmächtigen Schöpfer und vom barmherzigen Erlöser gerufen wurden. Niemand von uns Mönchen ist hier, weil er bloß der eigenen Spontaneität gefolgt ist, weil er ein Leben in Armut, Gehorsam und Ehelosigkeit als so wahnsinnig begehrenswert betrachtet. Wir sind alle hier, weil Gott uns gerufen hat. Sein Wort war ein Wort der Liebe, das uns so real aus der Bahn geworfen hat wie damals vor 2000 Jahren, wo uns die Evangelien berichten, dass Jesus am Seeufer von Galiläa Menschen – Fischer – einfach durch das Wort »Folge mir nach!« dazu brachte, Boote, Beruf, Häuser, Geschäft, Frauen und Kinder zu verlassen, um ihm nachzufolgen.

Mönche sind Menschen, die vom Ruf Gottes in Herz getroffen wurden. Wir leben gegen den Trend, so wie es das lateinische Wort *»monachus«* ja besagt, in dem wieder das griechische *»monos«* steckt: einzigartig! Ein Kloster wird man nie verstehen können, wenn man es nicht von Gott her versteht, der Gemeinschaft mit uns Menschen sucht und uns die Gnade seines Rufes geschenkt hat. Unser Gott ist ein kommunikativer Gott und Mönchsein bedeutet daher, einzutreten in die Sphäre des beständigen Dialoges mit dem göttlichen Mysterium.

Karl Josef Wallner

13. August

Feiertag

Äußere und innere Ruhe sollen am Feiertag herrschen. In unsern Häusern soll alle nicht unerlässlich zum Leben notwendige Arbeit unterbleiben und ausdrücklich schließt der Dekalog Knechte und Fremdlinge, ja auch das Vieh in diese Gebote ein. Nicht planlose Zerstreuung, sondern Ruhe und Sammlung sollen wir suchen. Weil das nicht leicht ist, weil uns vielmehr die Untätigkeit leicht zum öden Müßiggang, zu ermüdenden Ablenkungen und Vergnügungen verleitet, muss das Ruhehalten ausdrücklich geboten werden. Es erfordert Kraft, diesem Gebot zu gehorchen.

Dietrich Bonhoeffer

14. August

Feiertagsruhe

Die Feiertagsruhe ist die unerlässliche Voraussetzung der Feiertagsheiligung. Der zur Arbeitsmaschine herabgewürdigte, übermüdete Mensch braucht Ruhe, damit sein Denken sich klären, sein Fühlen sich reinigen, sein Wollen sich neu ausrichten lassen kann.

Die Feiertagsheiligung ist der Inhalt der Feiertagsruhe. Die Heiligung des Feiertags geschieht durch die Verkündigung des Wortes Gottes im Gottesdienst und durch das bereitwillige und ehrfürchtige Hören dieses Wortes. Die Entheiligung des Feiertags beginnt mit dem Verfall der christlichen Verkündigung. Sie ist also in erster Linie Schuld der Kirche und insbesondere der Amtsträger. So geht die Erneuerung der Feiertagsheiligung von der Erneuerung der Predigt aus.

Dietrich Bonhoeffer

15. August

Leben der Kinder Gottes

Die Sonntagsruhe ist das Ziel der Sonntagsheiligung. Gott will sein Volk zu seiner Ruhe führen, zum Ausruhen vom irdischen Werktag. »Herz, freu dich, du sollst werden vom Elend dieser Erden und von der Sündenarbeit frei.« Vom menschlichen unvollkommenen Wirken befreit soll das Volk Gottes das vollendete reine Werk Gottes anschauen und an ihm teilhaben. Als Abglanz und Verheißung dieser ewigen Ruhe beim Schöpfer und Erlöser und Vollender der Welt, darf der Christ, der den Sonntag heiligt, die Sonntagsruhe erfahren.

Vor den Augen der Welt ist der Sonntag der Hinweis auf das Leben der Kinder Gottes aus der Gnade Gottes und auf die Berufung der Menschen in Gottes Reich. So beten wir: »Dein Reich komme!«

Dietrich Bonhoeffer

16. August

Vollkommne Beziehung

In der Beziehung zu Gott sind unbedingte Ausschließlichkeit und unbedingte Einschließlichkeit eins. Wer in die absolute Beziehung tritt, den geht nichts Einzelnes mehr an, nicht Dinge und nicht Wesen, nicht Erde und nicht Himmel; aber alles ist in der Beziehung eingeschlossen. Denn nicht von allem absehen heißt in die reine Beziehung treten, sondern alles im Du sehen; nicht der Welt entsagen, sondern sie in ihren Grund stellen. Von der Welt wegblicken, das hilft nicht zu Gott; auf die Welt hinstarren, das hilft auch nicht zu ihm; aber wer die Welt in ihm schaut, steht in seiner Gegenwart. »Hier Welt, dort Gott« – das ist Es-Rede; und »Gott in der Welt« – das ist andre Es-Rede; aber nichts ausschalten, nichts dahinterlassen, alles – all die Welt mit im Du begreifen, der Welt ihr Recht und ihre Wahrheit geben, nichts neben Gott, aber auch alles in ihm fassen, das ist vollkommne Beziehung.

Martin Buber

17. August

Der lebendige Gott

Man findet Gott nicht, wenn man in der Welt bleibt, man findet Gott nicht, wenn man aus der Welt geht. Wer mit dem ganzen Wesen zu seinem Du ausgeht und alles Weltwesen ihm zuträgt, findet ihn, den man nicht suchen kann.

Gewiss ist Gott »das ganz Andere«; aber er ist auch das ganz Selbe: das ganz Gegenwärtige. Gewiss ist er das Mysterium tremendum, das erscheint und niederwirft; aber er ist auch das Geheimnis des Selbstverständlichen, das mir näher ist als mein Ich.

Wenn du das Leben der Dinge und der Bedingtheit ergründest, kommst du an das Unauflösbare, wenn du das Leben der Dinge und der Bedingtheit bestreitest, gerätst du vor das Nichts; wenn du das Leben heiligst, begegnest du dem lebendigen Gott.

MARTIN BUBER

18. August

Werden des seienden Gottes

Dass du Gott brauchst, mehr als alles, weißt du allzeit in deinem Herzen; aber nicht auch, dass Gott dich braucht, in der Fülle seiner Ewigkeit dich? Wie gäbe es den Menschen, wenn Gott ihn nicht brauchte, und wie gäbe es dich? Du brauchst Gott, um zu sein, und Gott braucht dich – zu eben dem, was der Sinn deines Lebens ist. Belehrungen und Gedichte mühen sich mehr zu sagen, und sagen zuviel: welch ein trübes und überhebliches Gerede, das vom »werdenden Gott« – aber ein Werden des seienden Gottes ist, das wissen wir unverbrüchlich in unserem Herzen. Die Welt ist nicht göttliches Spiel, sie ist göttliches Schicksal. Dass es die Welt, dass es den Menschen, dass es die menschliche Person, dich und mich gibt, hat göttlichen Sinn.

Schöpfung – sie geschieht an uns, sie glüht sich uns ein, glüht uns um, wir zittern und vergehn, wir unterwerfen uns. Schöpfung – wir nehmen an ihr teil, wir begegnen dem Schaffenden, reichen uns ihm hin, Helfer und Gefährten.

Martin Buber

19. August

Das ewige Du

Jede wirkliche Beziehung in der Welt ist ausschließlich; das Andere bricht in sie ein und rächt seine Ausschließung. Einzig in der Beziehung zu Gott sind unbedingte Ausschließlichkeit und unbedingte Einschließlichkeit eins, darin das All begriffen ist. Jede wirkliche Beziehung in der Welt ruht auf der Individuation; die ist ihre Wonne, denn nur so ist Einandererkennen der Verschiedenen gewährt, und ist ihre Grenze, denn so ist das vollkommne Erkennen und Erkanntwerden versagt. Aber in der vollkommnen Beziehung umfasst mein Du mein Selbst, ohne es zu sein; mein eingeschränktes Erkennen geht in einem schrankenlosen Erkanntwerden auf.

Jede wirkliche Beziehung in der Welt vollzieht sich im Wechsel von Aktualität und Latenz, jedes geeinzelte Du muss sich zum Es verpuppen, um wieder neu sich zu beflügeln. In der reinen Beziehung aber ist die Latenz nur das Atemholen der Aktualität, darin das Du präsent bleibt. Das ewige Du ist es seinem Wesen nach; nur unser Wesen nötigt uns, es in die Eswelt und Esrede zu ziehen.

Martin Buber

20. August

Der »religiöse« Mensch

Man spricht von dem »religiösen« Menschen als einem, der in keiner Beziehung zur Welt und zu den Wesen zu stehen brauche, weil die Stufe des Sozialen, das von außen bestimmt werde, hier durch eine von innen allein wirkende Kraft überstiegen sei. Aber unter dem Begriff des Sozialen wird zweierlei Grundverschiedenes verquickt: die sich aus der Beziehung aufbauende Gemeinschaft und die Massierung beziehungsloser Mensch-Einheiten, die handgreiflich gewordene Beziehungslosigkeit des modernen Menschen. Der lichte Bau der Gemeinschaft aber, zu dem auch noch aus dem Verlies der »Sozialität« eine Befreiung führt, ist das Werk derselben Kraft, die in der Beziehung zwischen Mensch und Gott wirkt. Es ist jedoch diese nicht eine Beziehung neben den andern; sie ist die Allbeziehung, in die alle Ströme sich ausgießen, ohne darum zu versiegen. Meer und Ströme – wer will hier scheiden und Grenzen bestimmen?

Martin Buber

21. August

Das eine Fluten von Ich zu Du

Da ist nur das eine Fluten von Ich zu Du, immer unendlicher, die eine grenzenlose Flut des Wirklichen Lebens. Man kann sein Leben nicht zwischen eine wirkliche Beziehung zu Gott und ein unwirkliches Ich-Es-Verhältnis zur Welt aufteilen, – zu Gott wahrhaft beten und die Welt benützen. Wer die Welt als das zu Benützende kennt, kennt auch Gott nicht anders. Sein Gebet ist eine Entlastungsprozedur; es fällt ins Ohr der Leere. Er – nicht der »Atheist«, der aus der Nacht und Sehnsucht seines Kammerfensters das Namenlose anspricht – ist der Gottlose.

Martin Buber

22. August

Einheit aus Leib und Geist

Aber man würde, was mit Einung der Seele gemeint ist, von Grund aus missverstehen, wenn man unter »Seele« hier etwas anderes verstünde als: der ganze Mensch, Leib und Geist miteinander. Die Seele ist nicht wirklich geeint, wenn es nicht alle leiblichen Kräfte, alle Glieder des Leibes sind. Den Schriftvers ›Alles, was deine Hand zu tun findet, tue in deiner Kraft!‹ deutete der Baalschem, man solle die Tat, die man tut, mit allen Gliedern tun, d. h. es solle auch das ganze leibliche Wesen des Menschen daran beteiligt sein, nichts von ihm dürfe draußen bleiben. Der Mensch, der so eine Einheit aus Leib und Geist wird, dessen Werk ist Werk aus Einem Guss.

Martin Buber

23. August

Von Gott geschaffen

Irdisches Leben bedarf eben des Lichtes, der Kraft der Sonne; und schon früh hat man die sich stets wiederholenden Zyklen, mit denen die Sterne am Himmel erscheinen und vergehen, als Ausdruck göttlicher Kraft, ja göttlicher Einflussnahme gedeutet. Die Bibel wendet sich gegen die Gefahr, das Geschaffene mit dem Schöpfer zu verwechseln. Nicht das Licht selbst, nicht die Sonne, ist Gott, sondern sie ist nur von Gott geschaffen; es ist die erste Kreatur, nicht mehr und nicht weniger: Und Gott sprach, es werde Licht, und es ward Licht! Und wenige Verse später wird erzählt, wie souverän und allmächtig Gott die Sterne, die doch in der Astrologie Babylons als Götter verehrt wurden, gleichsam als Dekorationsmaterial verwendet, um damit das von ihm geschaffene Firmament auszuschmücken.

Karl Josef Wallner

24. August

Sehnsucht

Oft sind wir allzu misstrauisch gegen unsere Sehnsucht. Gewiss kann manches, was wir wünschen, zu einer Projektion am Himmel unserer Fantasie werden. Aber die Sehnsucht selber ist eine Wirklichkeit in uns und wir dürfen dem, was in uns angelegt ist, vertrauen. Der Mensch, der seine Grenzen immer wieder übersteigt und sich nach Unendlichkeit ausstreckt, ist er nicht ein Hinweis auf den Unendlichen, der ihn in seine Nähe rückt? Gewiss, die Erfüllung unserer Sehnsucht wird nicht durch unsere Sehnsucht garantiert. Aber sie macht uns offen und bereit für eine Erfüllung, die von dem geschenkt wird, auf den sie hinweist.

Odilo Lechner

25. August

Mystik als Weg

Nach meinem Verständnis ist Mystik ein Weg der Spiritualität, den ich nicht eben mal an einem Wochenende gehen kann, den ich auch nicht ausprobieren kann wie eine Wegstrecke auf einem Pilgerpfad, den ich auch nicht in einem Kurs absolviere. Wer sich auf diesen Weg begeben will, muss im Grunde das ganze Leben neu ausrichten, es kann ein Weg sein, der viele Jahre dauert. Wer diesen Weg nicht geht, kann aber doch teilhaben und mit staunen über die wunderbaren Texte und Gedanken, die Mystikerinnen und Mystiker mit uns teilen. Sie lassen uns etwas ahnen von den Möglichkeiten und Tiefen der Begegnung mit Gott.

Es begegnete mir, dass mich plötzlich
ein Gefühl der Gegenwart Gottes überkam,
sodass ich ganz und gar nicht zweifeln konnte,
Er sei in mir oder ich sei ganz in Ihn versenkt.
Dadurch wird die Seele so in Staunen versetzt,
dass sie ganz außer sich zu sein scheint.
Der Wille liebt, das Gedächtnis scheint mir
beinahe verloren,
der Verstand denkt, wie mir scheint, nicht nach,
verliert sich aber auch nicht,
sondern ist, wie gesagt,
nur untätig und vor Staunen hingerissen.
Teresa von Avila

Margot Käßmann

26. August

Im Glanze des göttlichen Lichtes

Ein Kloster ist daher nicht nur ein Ort, wo man dem gehörten und gebeteten Wort Gottes begegnet, sondern ein Kloster ist ein Ort, wo das Mysterium des göttlichen Einleuchtens durch eine architektonische Lichtsymbolik eingefangen und ausgedeutet werden soll.

Wir Mönche sind von Gott gerufen, um im Glanze des göttlichen Lichtes zu leben. Es ist eine besondere Gnade, in einem Kloster leben zu dürfen, das durch fast 900 Jahre ohne jede Unterbrechung kontinuierlich besteht. Es ist ein unverdientes Geschenk, täglich durch romanische und gotische Räume schreiten zu dürfen, in denen eine zutiefst mystische Sichtweise von Raum sich ausdrückt. Durch Räume, die über Jahrhunderte durch das Gebet unserer Vorfahren gleichsam energetisch aufgeladen wurden. Ein hochbetagter Mitbruder formulierte es kurz vor seinem Tod so, dass jeder »Stein durchbetet, jede Mauer von Gnade getragen« sei. In der Bibel steht das Licht immer der Finsternis gegenüber, der letztlich siegreiche Bereich Gottes dem verdunkelten Bereich des Bösen. So hat der Wechsel von Licht und Schatten auch psychologische Bedeutung.

Karl Josef Wallner

27. August

Das Lob deiner Herrlichkeit

Das gemeinsame Psalmodieren im Chor zu festgesetzten Zeiten verleiht dem ganzen Tagesablauf des Klosters einen heiligen Rhythmus, denn ständig wird man neu zum Hintreten vor Gott herausgefordert.

Das Chorgebet vereint aber uns Mönche auch untereinander, es ruft uns von unserer Arbeit weg zum Gemeinschaftsgebet. Das gemeinsame Psalmodieren ist heiliges Tun, denn es ist das Höchste, das uns Menschen zu tun möglich ist: den dreifaltigen Gott im Himmel für seine Liebe unermüdlich zu loben. Daher hat dieses heilige Tun Anteil am Lob der Heiligen in der Vollendung und der Engel Gottes, deren Lobgesang niemals verstummt. In Heiligenkreuz weisen die Skulpturen der Engel und Heiligen am Chorgestühl auf diesen übernatürlichen Charakter hin. So ereignet sich im Chorgebet der Mönche das Unfassliche, das in der Präfation zum Vierten Hochgebet so ausgedrückt wird: »Durch unseren Mund rühmen dich alle Geschöpfe und künden voll Freude das Lob deiner Herrlichkeit.«

Karl Josef Wallner

28. August

Innere Freiheit

Flügel bedeuten für mich nicht Weltflucht, aber doch eine andere Sicht auf die Dinge, einen heilsamen Abstand zu manchem Druck, mancher Erwartung, auch manchem Scheitern. Vielleicht sind Gelassenheit und Heiterkeit die beste Grundhaltung für ein Leben auf den Flügeln der Hoffnung.

In jedem Fall bedeutet für mich Glauben in der eigenen Lebenspraxis, dass ich manches Mal die notwendige innere Freiheit finden kann, eine himmlische Perspektive sozusagen. Es geht darum, eine Liebe zu den kleinen Dingen zu entwickeln: im großen Fluss des Lebens das kleine Glück entdecken, Dankbarkeit empfinden.

Margot Käßmann

29. August

Ihr seid ein Acker

Jesus zeigt ihnen ein neues Bild ihrer selbst. Viele sagen von euch: Ihr seid der »letzte Dreck«. Ich sage: Ihr seid ein »Acker«. Ein Acker ist ja nichts Totes, sondern etwas unerhört Lebendiges. Er ist kein Ödland, sondern kostbare Lebensgrundlage für Mensch und Tier. Und stellt euch vor: Nun kommt einer und gräbt diesen Acker um, vielleicht mit dem Spaten, vielleicht auch mit dem sanften Holzpflug, den ihr selbst über eure Äcker zieht. So kommt Luft in die Erde und Licht. Danach kommt der Mann noch einmal mit einer Schürze voller Saatgut. Das wirft er in die Erde. Er schenkt es dem Acker. Und nun tut der Acker etwas mit jedem einzelnen Korn. Wenn die Regenzeit kommt, wird er feucht und weich. Der Keim treibt aus und wächst. Er entwickelt einen Halm und eine Ähre. Und wenn der Sommer gut war, steht am Ende eine prächtige Frucht.

Jörg Zink

30. August

Reifen und gedeihen

Das ist es genau, was in euch geschehen kann. Wenn ich vor euch sitze und euch Geschichten erzähle, dann fällt, was ich sage, wie ein Korn in euch hinein. Nehmt es auf. Gebt ihm Raum. Lasst es wachsen. So kann bei eurem Leben noch etwas Schönes herauskommen. Das Reich Gottes wächst in euch und reift, und es wird sich am Ende zeigen, dass ihr am großen Ziel der Menschengeschichte das Eure mitbewirkt habt. Schaut also in euch selbst hinein und seht, was sich da ändern will, lebendiger werden, reifen und gedeihen. Jesus gibt den Menschen mit diesem Gleichnis vom Acker so etwas wie eine neue Identität.

Jörg Zink

31. August

Ein Bild

Ein Bild hat dieselbe Unschärfe, die die Gleichnisgeschichte hat. Auch das Bild wird eben durch diese Vieldeutigkeit tauglich für das konkrete Leben. Ein Bild wird immer so viele Bedeutungen und Färbungen haben, dass jeder sich in ihm auf irgendeine Weise wiedererkennen kann. Es spricht nicht von einer Norm, nicht von einem Wert, nicht von etwas Allgemeingültigem, sondern von einem lebendigen Vorgang in der Seele von Menschen. Wieder ist am Bild das Hilfreiche, dass es nur Beispiele zeigt, lebendige und bewegliche. Die Leute sollen ja nicht Öllampen werden oder Spatzen oder Kamele. Die Bilder sind nur Muster, denen die Menschen die Erlaubnis geben sollten, etwas an ihnen zu prägen. Was sie dabei lernen können, ist die Achtsamkeit für das sinnvolle, das richtige Tun. Das Bild verändert ihr Wahrnehmen, ihr Urteil, ihr Verständnis für Situationen und Aufgaben.

Jörg Zink

1. September

Ikonen

Nun kennen evangelische und katholische Christinnen und Christen ja auch Bilder, die beispielsweise Geschichten aus den Evangelien erzählen. Mancher Altar tut das auf beeindruckende Weise. Ikonen aber bedeuten noch etwas anderes. Sie werden verstanden als »Bilder, die als eine Art sakramentales Zeichen Christus, das in Christus vollbrachte Heilswerk, die Heiligen und ihre Viten, in späterer Zeit auch dogmatische ›Wahrheiten‹ authentisch repräsentieren. Das musste ich erst verstehen lernen: Es geht nicht um Vermittlung, Didaktik sozusagen, nicht um Erzählen, Veranschaulichen oder Belehren – so sehe ich Bilder im Glauben meistens, etwa bei Michelangelo. Nein, es geht wirklich um Repräsentation. Die Ikone steht orthodoxen Gläubigen für die Anwesenheit Gottes. Deshalb wird sie geküsst, verehrt.

Margot Käßmann

2. September

Verstand

Die Fähigkeit, Erfahrungen zu machen und dabei Grenzen zu überschreiten, ist nichts, was wir haben oder nicht haben, sondern etwas, das sich durch Einübung verfeinern, präzisieren und erweitern lässt. Das sagen wohl alle Religionen, auch das Christentum. Heute stellen wir fest, wir Abendländer hätten mit erschreckender Einseitigkeit unseren Verstand entwickelt, und nun lebten wir in einer Welt, die aus dem bestehe, was der Verstand zu erkennen vermag. Ganze Bereiche unserer Seele und unseres Geistes haben wir veröden lassen.

Jörg Zink

3. September

Das Hören des Leisen

Das Hören des Leisen, das Sehen des Verborgenen, das Einvernehmen mit dem Fremdartigen, vor allem auch die Ehrfurcht vor dem, das sich uns entzieht, haben viele unter uns verloren. Nun sind aber die Grenzen unseres Erkenntnisvermögens – wie gesagt – nicht festgelegt. Nicht nur unsere rationalen Fähigkeiten können erweitert werden, sondern auch unsere Einsicht in die Farben- und Gestaltenwelt seelischer und geistiger Bilder und Symbole, und die Sprache, mit der wir innere Wahrnehmung und Erfahrung zu beschreiben vermögen, kann genauer werden und mehr aussagen. Wir können durchaus schauen, was wir nicht sehen. Wahrnehmen, was eine verborgene Wahrheit für uns bereit hat.

Jörg Zink

4. September

Schöpfer der Welt

Ich glaube an den Schöpfer der Welt, der Erde und des Himmels. Der Welt, die ich sehe, und der viel größeren, von der ich nicht den Schatten einer Ahnung habe. Ich weiß mich als ein kleines Organ in dieser Welt. Mein Geist steht ihr nicht gegenüber, er ist in sie eingebunden. Mein Denken ist Teil einer gedankenreichen Erde. Alle Dinge aber, deren Teil ich bin, sind in Gott. So ist die Welt nicht etwas Zufälliges, sondern Ausdruck eines Plans, der sich im Lauf der kosmischen Evolution verwirklicht. Ob die Zeit dieser Welt in Zyklen verläuft oder entlang einem gradlinigen Zeitpfeil – sie läuft jedenfalls auf ein Ende zu, das Gott ihr setzt. Wir aber sehen die ungeheure Dynamik, die in ihr am Werk ist. Innerhalb dieser schaffenden Dynamik aber sind wir Menschen zu Hause, und die Welt wird für uns zum bewohnbaren Ort.

Jörg Zink

5. September

Ehrfurcht

Die Welt wird mir heilig. Ich werde also mit ihr umgehen, wie man mit etwas Heiligem umgeht. Ich werde so achtsam, so ehrfürchtig, so behutsam in ihr leben, wie man in etwas Heiligem lebt. Ich werde mich berühren lassen, wenn ich den Kampf ums Dasein, den alles Lebendige zu bestehen hat, sehe. Wenn ich seine Ängste sehe, seine Entbehrungen, seine Leiden und das allgegenwärtige Sterben erfahre. Die Dinge sind mehr als Dinge, sie werden zu einer besonderen Sprache Gottes an mich. Ich werde verstehen, dass ich nur leben kann, solange sie für mich leben und für mich sterben. Und ich werde, wenn ich nach dem Sinn dieses meines Lebens auf dieser Erde frage, ahnen können, dass ich diesem Sinn nur nahe komme, wenn ich ihn als an mich gerichtetes Wort höre und ernst nehme.

Jörg Zink

6. September

Anrede Gottes

Alles, was ist und was geschieht, ist eine Anrede Gottes an mich. Alles, was ich werden kann, ist, dass ich zu einer Anrede an Menschen und an Dinge werde, die im Namen Gottes, das heißt an seiner Stelle und in seinem Auftrag, ergeht. Alles wird heilig. Und ich selbst werde dabei zu einem Heiligen in dem Sinn, in dem der Apostel Paulus es von den Leuten in seinen Gemeinden sagt, die er anspricht als die Heiligen Gottes und die zu Trägern einer Anrede Gottes an ihre Umwelt geworden sind. Heilig aber niemals durch das, was wir aus uns selbst sind. Wir werden es durch das, was durch uns geschehen soll. Und wir sind es niemals in unseren eigenen Augen, sondern immer nur in den Augen Gottes.

Jörg Zink

7. September

Universum

Wir glauben von Gott, dass er der Schöpfer des Universums ist und seine Entwicklung steuert. Wir sagen: Er wohnt in einem Licht, das niemand wahrnimmt. Er wohnt in einem Dunkel, in das niemand eintritt. Wir wissen nichts von ihm außer dem, was er selbst uns von sich zugänglich macht. Und er spricht zu uns durch eine Welt. Nicht wir sind es, die die wundersamen Augen hätten, um ihn in seiner Schöpfung wahrzunehmen. Wir nehmen ihn wahr, wenn und soweit er selbst bereit ist, sich zu zeigen. Wir hören seine Stimme, wenn und soweit er selbst will, dass wir sie hören.

Jörg Zink

8. September

Jesus

Wir glauben des weiteren, dass er uns mit einem klaren Wort in der Gestalt eines Menschen begegnet, dass er uns auf eine ganz eigene Weise sichtbar, greifbar, erkennbar, hörbar wird in der Gestalt des Jesus von Nazareth. Wir nennen darum Jesus den »Sohn«, was in der Sprache antiker Königshöfe den Vertreter des Königs selbst, des Staatsoberhaupts, also den ersten Minister bezeichnet. Den Bevollmächtigten, der in seinem Namen regiert und richtet. Wir begegnen Gott also aus dem Zusammenhang unserer menschlichen Geschichte in der Gestalt eines Menschen. Dieser Mensch sagt: Wer mich sieht, sieht den Vater. Er sagt nicht: Ich bin Gott.

Jörg Zink

9. September

Den Menschen sehen, wie er ist

Die Welt, die Schöpfung, trägt die dunkle Signatur eines Schöpfers, in dem alles versammelt ist, das Gute, das Böse, das Liebliche und das Schreckliche. Und je nüchterner ich mich in der Welt umsehe, desto deutlicher wird mir, dass ich in mir selbst dasselbe vorfinde. Der christliche Glaube ist allen Idealisierungen des Menschen gegenüber von einem harten Realismus. Er fordert, den Menschen zu sehen, wie er ist. Der christliche Glaube sagt: Die Würde des Menschen besteht darin, dass er fähig ist, sein Elend zu erkennen. Seine Wahrhaftigkeit fordert von ihm, dass er von sich Abstand nimmt und genau hinschaut. Seine Größe besteht darin, dass er seine Kleinheit erkennt und sie an seinem Gegenüber, das Gott heißt, misst. Seine Freiheit liegt darin, sozusagen die Seite zu wechseln und zu begreifen, wie er in den Augen Gottes aussieht. Seine Souveränität darin, sich selbst als Person anzunehmen, und zwar als Person vor Gott, und seine Gefahr ist, dass ihm, wenn er nicht sein will, der er ist, gerade seine Personhaftigkeit entgleitet.

Jörg Zink

10. September

Begegnung mit dem Heiligen

Das bedeutet, dass in der Begegnung mit dem Heiligen etwas Bisheriges unterbrochen wird und sich ein neues, ganz anderes Lebenskonzept zeigt. Dass es also zu irgendeiner Art von Umkehr und Neuanfang kommen muss. Dass eine Überwältigung erfahren wird durch irgendeine Macht, und sei es so, dass uns die berühmte »Gänsehaut« überläuft, dass dabei aber auch eine Kraft empfunden wird, die sich uns danach als Lebensgewissheit, als Glaubensgewissheit, als Zukunftsgewissheit zur Verfügung stellt.

Jörg Zink

11. September

Einblicke in eine unbekannte Welt

Es ist eine randlose Fülle von ungewöhnlichen Einblicken des menschlichen Bewusstseins in eine unbekannte Welt, die mit Wissen, mit Kenntnis, mit Logik nicht viel zu tun haben und die doch Wirklichkeiten begegnen oder eine Wahrheit treffen. Dies alles einfach vom Tisch zu wischen hat keinen Sinn. Es in die Ecke Esoterik abzuschieben und dort zu vergessen, ist kein Weg zur Wahrheit. Was ist zu tun mit all dem, was in den vorangegangenen Abschnitten angedeutet wurde? Nichts für unmöglich halten, ehe es wirklich als Täuschung oder Irrweg erkannt ist. Dabei alle Wege einer nichtreligiösen Erklärung zu Ende gehen, bis sich vielleicht am Ende ein Blick über den Vordergrund unseres Menschenlebens hinaus öffnet.

Jörg Zink

12. September

Wendezeit

Ich bin überzeugt, dass wir mitten in einer Wende jener flachen Vorstellung von Wirklichkeit stehen, die uns bisher selbstverständlich erscheint, in einer Wende, die der kopernikanischen oder dem Wechsel von der Physik Newtons zur Quantenphysik ähnlich und vergleichbar ist und mit beiden zusammenhängt. Vor unseren Augen öffnet sich ein unbekanntes Territorium, dessen Landschaft wir immer deutlicher sehen und dessen Wege immer selbstverständlicher begangen werden können. Und es ist entscheidend, dass wir damit keineswegs unsere Welt verlassen, sondern tiefer in sie eindringen, tiefer in ihr verwurzeln. Wir sollten den Gegensatz zwischen dem Geist der Naturwissenschaft und dem Geist des mystischen Erfahrens allmählich aufheben und uns mit allen Sinnen, mit allen geistigen und seelischen Möglichkeiten der sichtbaren und der unsichtbaren, der körperlichen und der geistigen Wirklichkeit zuwenden.

Jörg Zink

13. September

Erfahrung der Wirklichkeit

Wir bedürfen heute einer neuen Weisheit, die uns sagt, wie wir ehrfürchtig und geduldig mit dem Wirklichen umgehen können. Auch die Theologie, die von der Wirklichkeit dessen, was sie uns zu zeigen hat, überzeugt ist, wird diese Weisheit finden müssen. Denn Wahrheit kann nur dann wirklich zu uns Menschen durchdringen, sie kann nur dann Veränderungen an uns bewirken, wenn, was sie sagt, in Erfahrungen eingehen kann. Nur dann, wenn sie erlebbar wird. Was wir nicht mitahnen können oder mitempfinden, wird für uns den Rang einer Wahrheit nicht annehmen können, auch dann nicht, wenn es uns wieder und wieder verkündigt oder wenn es immer wieder und wieder in einem Bekenntnis hergesagt wird. Wahrheit kann für uns Menschen nur zu einer Wahrheit, das heißt einer bestimmenden Macht werden durch die Erfahrung ihrer Wirklichkeit.

Jörg Zink

14. September

Im Grund meiner Seele

Was also, konkret gefragt, spielt sich im Grund meiner Seele ab? Ich stehe dort und höre – so berichten viele – ein sehr leises, aber deutliches Wort. Indem ich es höre, weiß ich zugleich, dass mich dieses Wort angeht und dass es Gott ist, der es spricht. Es ist ein gütiges, ein liebevolles Wort. Ich stehe dort und fühle mich – so berichten andere – zu Hause. Ich fühle, dass sich mir eine Liebe zuwendet, die nicht aus mir selbst ist. Ich stehe dort – so berichten Dritte – und finde eine Antwort auf das Gehörte, die ich sonst nicht gefunden hätte. Wieder andere reden von Bildern, die sie dort gesehen hätten, Bildern ihrer selbst, die sie trösten. Oder von Bildern, die ihre krausen Vorstellungen von Gott zurechtrücken. Oder von Bildern des Tuns und Lebens, die sie zu verwirklichen hätten. Oder von Bildern der Zukunft erlöster, befreiter Menschenkinder. Oder wie solche Gotteserfahrung immer geschehen mag.

Jörg Zink

15. September

Das innere Wort

Dabei ist entscheidend, festzuhalten: Das Wort, das ich so in mir vernehme, ist nicht mein eigenes Wort. Ich spreche es nicht mir selbst zu. Und wichtig ist auch, festzuhalten: Dort, in der Tiefe unserer Seele, wo Gott uns nahe kommt, ist nicht unser Aufenthaltsort für unser restliches Leben, nicht unsere lebenslange, beschauliche Fluchthöhle. Wenn wir dem inneren Wort lange genug und genau genug zugehört haben, werden wir hören, was es am Ende sagt wie Jesus zu Lazarus: »Komm heraus!« Komm heraus zu den Menschen und lebe mit ihnen anders. Sie brauchen, dass du sagst, was du erfahren hast.

Jörg Zink

16. September

Ich bin ein Ort Gottes

Komm also heraus mitten in den Jahrmarkt, der im Grunde ein Schlachtfeld ist, und halte dabei den Frieden fest, den Gott dir mitgibt. Er gibt dir mit seinem stillen, sanften Wort eine Lebenskraft, die größer ist als deine eigene. Eine Klarheit, die dich ordnet. Ein Vertrauen, das dir Gewissheit gibt. Sage dir also mitten im Gewühl der Menschen: Ich bin ein Ort Gottes. Mehr kann ich nicht werden. Mehr soll ich nicht sein.

Wir können beim Sprechen Gottes auch von einem Hindurchklingen sprechen. Von einem Hindurchtönen durch die vielen Stimmen in uns, die Töne und Klänge unserer Seele. Und unsere Seele wird dabei zu einem Klangraum, wie das Dasein überhaupt es ist.

Jörg Zink

17. September

Leises Gespräch

Meister Eckart spricht davon, es gebe einen tiefsten Punkt in unserer Seele, an dem zwischen Gott und uns ein leises Gespräch stattfinde. Tief unter unserem bewussten, täglichen Leben. Tief auch unter dem, was die Psychologen das Unbewusste nennen. Tief auch unter dem, was man das »kollektive« Unbewusste nennen mag, die Heimat der Bilder, die unsere Seele durch ihre Erfahrungen geleiten. Tief auch unter dem, was wir das transpersonale Bewusstsein nennen, das kosmische, das alle lebendigen Wesen, aber auch alle Dinge und Elemente miteinander verbindet, sei eine Zone, in der Gott gegenwärtig sei und die einzelne Seele im Ganzen verankere.

Jörg Zink

18. September

Gott ist alles

Was erlebt also der, der in seinen Grund abgestiegen ist? Es mag sein, dass er nichts hört, sondern nur von den Bildern getröstet wird, die er sieht. Es mag sein, dass er nur die Nähe, die Gegenwart einer größeren Liebe empfindet. Und diese ist es, die alle Wandlung in ihm bewirkt. Es entsteht etwas in ihm, was er nicht machen konnte: nämlich ein seltsames Grundvertrauen, mit dem er in all seiner Unsicherheit feststeht, gehalten ist, getragen und geführt, das ein Ende macht mit allem Misstrauen gegenüber dem Dasein und gegenüber Gott. Das aber ist der Herzpunkt aller religiösen Erfahrung, dass wir am Ende sagen können: Gott ist alles. Er ist um mich. Und er ist in mir. Und alles ist gut.

Jörg Zink

19. September

Beheimatung in Gott

Wunderbar formuliert Dag Hammarskjöld das Wechselspiel der Sinne:

»Gott, du nimmst den Zeichenstift – und die Linien tanzen. Du spielst die Flöte – und die Töne schimmern. Du bewegst den Pinsel – und die Farben singen. So wird alles sinnvoll und schön jenseits der Zeit, in dem Raum, der du bist. Wie könnte ich irgendetwas zurückhalten von dir?«

Der Sinn eines solchen Weges der spirituellen Erfahrung ist die Heimkehr. Die Beheimatung in Gott. Er ist ein Freiwerden und ein Ganzwerden. Er ist ein Grundfinden unter den Füßen. Ein Leben in der vielschichtigen, ganzen Wirklichkeit. Und dieser Weg wird gegangen, und zwar von mehr Menschen, als wir gemeinhin annehmen. Sie gewinnen dabei das starke innere Wissen, dass ihr Ich seinen Platz im Mittelpunkt des eigenen Menschen aufgibt, dass sie einfach da sind, in einem starken und haltenden Rahmen, eins mit der Welt und allem, was sie einfasst. Sie lassen sich selbst los und wissen sich geborgen in einer großen Wirklichkeit. Und sie geben dieser großen, umfassenden und sie selbst durchdringenden Wirklichkeit den Namen »Gott«.

Jörg Zink

20. September

Dann leuchtet die Welt von innen

Wenn Gott Licht ist, ist die Welt so, dass ich als Mensch in ihr leben kann. Sie akzeptieren, mich mit ihr aussöhnen, mich mit ihr anfreunden und ein Ja sprechen zu allem, was sie hat und birgt, was sie mir und meinen Kräften, auch meiner Leidensfähigkeit, zumutet. Ist Gott Licht, dann ist die Welt keine Ansammlung von unbegreiflichen Wirrnissen. Dann kann ich in dem Vertrauen leben, ich fände aus allen meinen Dunkelheiten doch immer wieder in einen hellen Tag. Das Ziel und der Sinn meines Daseins aber sei die ewige Klarheit Gottes.

Ist Gott Licht, dann ist er in allen Dingen dieser Welt. Dann leuchtet mir die Welt von innen. Dann leuchtet sie aus jedem Stein und jedem Grashalm. Dann leuchtet sie auch dem, der sie mit den Mitteln der Wissenschaft untersucht. Dann wird sie uns nah und vertraut werden und werden wir etwas in sie einbringen können von uns selbst. Denn wir sind nicht nur die abgespaltenen Menschen in ihrer Fragwürdigkeit, wir sind die, die in allem, darum vor allem in Gott, zu Hause sind.

Jörg Zink

21. September

Segen

Jesus sagt: Du bist gesegnet. Wenn Segen über einem Leben waltet, dann bedeutet das, dass es Sinn hat. Dass es gedeiht, dass es wächst. Es wirkt auf das Leben anderer Menschen befreiend, lösend, schützend. Es weckt Vertrauen. Es schafft Mut zu leben. Versuche glücken, Werke gelangen zur Vollendung. Am Ende bleibt so etwas wie Frucht. Die Arbeit zehrt das Leben nicht aus, sie ist Quelle eines sinnvollen Wirkens. Ein alternder Mensch, dessen Leben gesegnet ist, geht nicht zugrunde. Er reift. Er wird klarer. Er lebt gelassener. Und er stirbt am Ende, wie die Bibel sich ausdrückt, lebenssatt, das heißt so, wie einer von einer guten Mahlzeit aufsteht.

Jörg Zink

22. September

Nach Gerechtigkeit hungern

Jesus sagt: Das Glück werden finden, die hungern und dürsten nach Gerechtigkeit. Sie sollen satt werden. Wenn wir die Menschheit betrachten rund um den Erdball, finden wir sie zerrissen in Gesegnete und Verfluchte. In Ausbeuter und Unterdrückte. In Satte und Hungernde. Er wollte aber eine geschwisterlich lebende Menschheit. Selig sind für ihn darum die, die hungern nach dem Ende einer Trennung zwischen den Armen und den Reichen. Wenn Jesus von unserer Gerechtigkeit spricht, meint er nicht, wir sollten von der bösen Welt fordern, dass sie uns Gerechtigkeit verschaffe. Wenn er sagt, das Glück finde, wer nach Gerechtigkeit hungert, so meint er die, die sich als Werkzeuge Gottes verstehen, wenn sie für alle Gerechtigkeit suchen.

Jörg Zink

23. September

Was willst du werden?

In unserer Wandlung liegt der Sinn aller Dinge. Und sie geschieht auch an uns. Denn auch wir gehören dieser größeren Welt an. Der Glaube sagt uns: Was willst du werden? Ein Erfinder? Ein Herrscher? Ein Genie? Ein Heiliger? Das alles ist weniger, als wenn du mitwirkst an der großen Welt Gottes. Du kannst sein Werkzeug sein. Du kannst ein Mund werden, durch den Gott spricht. Ein Auge, mit dem Gott die Menschen ansieht. Ein Ohr, das ihre Klagen hört. Eine Hand, die mit ihm wirkt. Er sieht und hört und wirkt auch ohne dich. Aber dir ist der Auftrag gegeben, ein Instrument zu sein, das er führt.

Jörg Zink

24. September

Wir haben uns die Welt unterworfen

Wir beuten die Berge aus, wir holzen die Wälder ab, wir rotten die Tiere aus. Immer zahlreicher entstehen Orte, wo früher Dickicht und Sümpfe waren. Wir siedeln den Menschen auf immer neuen Gebieten an. Wir haben uns die Welt unterworfen, uns dienen das Eisen und die Tiere; wir haben die farbigen Rassen unterjocht, das gegenseitige Verhältnis der Völker grob geregelt, die Massen oberflächlich beruhigt. Eine gerechte Ordnung liegt noch fern, Unrecht und Misshandlung haben zugenommen. Die kindlichen Zweifel und Einwände erscheinen uns nicht seriös. Das klare, demokratische Empfinden des Kindes kennt keine Hierarchie. Vorläufig tun ihm der Schweiß des Tagelöhners und der Hunger des Altersgenossen noch weh, es leidet mit einem gequälten Pferd, mit einem geschlachteten Huhn. Der Hund und der Vogel sind ihm verwandt, Schmetterling und Blume sind ihm ebenbürtig, im Steinchen und in der Muschel findet es einen Bruder. Es kennt keine Solidarität mit dem überheblichen Stolz des Emporkömmlings, es weiß nichts davon, dass nur der Mensch eine Seele hat.

Janusz Korczak

25. September

Es gibt zwei Welten

Gleich einem persönlichen Bekenntnis zitiert Korczak einen Universitätsprofessor, der den neuen Medizinstudenten zu Beginn seiner Vorlesung sagte: »›Meine Herren, es gibt zwei Welten, eine geistige und eine materielle. Die erste überlassen wir Gott, die zweite zu erkennen, wollen wir unser Leben widmen. Ihr Jungen, lasst euch nicht vom falschen Glanz des menschlichen Wissens blenden, die Krümel eures Wissens mögen euch nicht hochmütig machen. Euer Wissen wird nur dann stark sein, wenn es der Glaube stützt‹ ... Und wer immer mit dem ehrwürdigen Professor ins Gespräch kam, dem erzählte er Dutzende Geschichten, in denen er, der Kenner der materiellen Welt, die Waffen strecken musste vor der mächtigen Geisteswelt, deren Herr Gott ist.«

Janusz Korczak

26. September

Gott und Welt

Wir nehmen uns vor, ein politisches Tagesproblem zu lösen, und finden uns mitten in den geheimnisvollen Zonen der menschlichen Seele. Wir suchen einen religiösen Weg zu gehen und begegnen dabei den Entdeckungen der Naturwissenschaft. Wir haben technische Schwierigkeiten vor uns und befinden uns mitten in den Überlebensfragen der Menschheit. Wir nehmen uns vor, über das schmale Thema der religiösen Erfahrung nachzudenken, und können nicht verhindern, dass wir in Vernetzungen geraten, in denen unser Denken und Erfahren auf allen Seiten verfangen ist. Es gibt keine Grenzen und keine Schranken, unsere Welt ist grundsätzlich auf allen Ebenen offen. Die religiöse Welt kann so offen vor uns stehen wie die, die wir bewohnen.

Jörg Zink

27. September

Räume, die ich ahne

Ich versuche also, nachdem ich von Gott gehört habe, so aufmerksam in meiner Welt zu stehen, dass ich es bemerke, wenn sich mir irgendjemand oder irgendetwas von außerhalb meiner Welt her mitteilt. Wenn ein Gott ist, so muss das in irgendeiner Weise dieser Welt anzumerken sein. Dann ist diese Welt mehr als der funktionierende Apparat, dessen ich mich bediene. Dann reicht sie hinaus in Räume, die ich ahne, die ich spüre, denen ich nachtaste. Dann ist meine Welt reicher und offener. Dann sind in ihr Räume, in die ich hinausgreife. Dann wird die große Fremde vertrauenswürdig und begehbar dadurch, dass darin und dahinter die Nähe eines vertrauenswürdigen Gottes spürbar wird.

Jörg Zink

28. September

Glaubenserfahrung, die mich stärkt

Die Spannung zwischen Spiritualität und Alltag ist für mich ein wohltuendes Zusammenspiel im Christentum. Weder scheint mir völlige Weltentfremdung als der rechte Gottesdienst noch völliges Aufgehen in der Welt als Zentrum christlicher Existenz. Jeder Christ, jede Christin, aber wohl auch jede Zeit muss immer neu die eigene Balance zwischen Innerlichkeit und äußerer Welt finden, zwischen Glaubensstärkung und Engagement bzw. Weltverantwortung.

Bei den einen wird das Pendel mehr zu dieser, bei den anderen mehr zu jener Seite ausschlagen. Niemals aber kann ein Christ ganz und gar der Welt entfremdet leben, niemals eine Christin völlig in der Welt aufgehen. Bei einer spirituellen Glaubenserfahrung geht es eben nicht um Selbsterlösung, wie viele Skeptiker meinen, es geht auch nicht um Weltflucht oder einen Rückzug in irrationale Bereiche, vielmehr geht es um vertiefte Glaubenserfahrung, die mich stärkt.

Margot Käßmann

29. September

Gotteswirklichkeit und Weltwirklichkeit

In Christus begegnet uns das Angebot, an der Gotteswirklichkeit und an der Weltwirklichkeit zugleich teil zu bekommen, eines nicht ohne das andere. Die Wirklichkeit Gottes erschließt sich nicht anders als indem sie mich ganz in die Weltwirklichkeit hineinstellt, die Weltwirklichkeit aber finde ich immer schon getragen, angenommen, versöhnt in der Wirklichkeit Gottes vor. Das ist das Geheimnis der Offenbarung Gottes in dem Menschen Jesus Christus.

Dietrich Bonhoeffer

30. September

Wirklichkeit in Christus

Die christliche Ethik fragt nun nach dem Wirklichwerden dieser Gottes- und Weltwirklichkeit, die in Christus gegeben ist, in unserer Welt. Nicht als wäre »unsere Welt« irgendetwas außerhalb der Gottes- und Weltwirklichkeit, die in Christus ist, als gehörte sie nicht auch schon zu der in ihm getragenen, angenommenen, versöhnten Welt, nicht also als müsste nun doch irgendein »Prinzip« auf unsere Verhältnisse und unsere Zeit erst noch angewendet werden. Es wird vielmehr danach gefragt, wie die – auch uns und unsere Welt längst in sich beschlossen haltende – Wirklichkeit in Christus als jetzt gegenwärtige wirke beziehungsweise wie in ihr zu leben sei. Es geht also darum, an der Wirklichkeit Gottes und der Welt in Jesus Christus heute teilzuhaben und das so, dass ich die Wirklichkeit Gottes nie ohne die Wirklichkeit der Welt und die Wirklichkeit der Welt nie ohne die Wirklichkeit Gottes erfahre.

Dietrich Bonhoeffer

1. Oktober

Gotteswirklichkeit in der Weltwirklichkeit

Es gibt nicht zwei Wirklichkeiten, sondern nur eine Wirklichkeit, und das ist die in Christus offenbargewordene Gotteswirklichkeit in der Weltwirklichkeit. An Christus teilhabend stehen wir zugleich in der Gotteswirklichkeit und in der Weltwirklichkeit. Die Wirklichkeit Christi fasst die Wirklichkeit der Welt in sich. Die Welt hat keine eigene von der Offenbarung Gottes in Christus unabhängige Wirklichkeit. Es ist eine Verleugnung der Offenbarung Gottes in Jesus Christus, »christlich« sein zu wollen ohne »weltlich« zu sein, oder weltlich sein zu wollen, ohne die Welt in Christus zu sehen und zu erkennen. Es gibt daher nicht zwei Räume, sondern nur den einen Raum der Christuswirklichkeit, in dem Gottes- und Weltwirklichkeit miteinander vereinigt sind.

Dietrich Bonhoeffer

2. Oktober

Gott offenbart sich

Der christliche Glaube sagt uns, dass Gott sich nicht in seiner Jenseitigkeit, seiner Ewigkeit und Transzendenz »verstecken« möchte, sondern dass er uns Menschen in unserer Endlichkeit nahe sein möchte. Christentum ist der Glaube an einen Gott, der Gemeinschaft mit uns Menschen sucht. Gott verschweigt sich nicht, Gott verbirgt sich nicht, Gott verheimlicht sich nicht und lässt uns Menschen, die wir mit einem ewig hungrigen und suchenden Geist ausgerüstet sind, in unserer Sehnsucht nach dem Letzten nicht allein. Er lässt uns nicht im Finstern suchen und tasten, ob wir denn etwas vom Göttlichen erfinden oder ertasten könnten (Apostelgeschichte), sondern er hat sich offenbart. Der Christ steht vor der faszinierenden Tatsache, dass Gott sich enthüllt hat, griechisch heißt Enthüllung »Apokalypse«. Die Hülle ist weggezogen. Im Deutschen sprechen wir von Offenbarung, das auf die Wortwurzel »aufbahren« zurückgeht.

Karl Josef Wallner

3. Oktober

Das Hier und das Dort

Es hat immer Religionen gegeben, und es gibt sie bis heute, die sich ihrem irdischen Umkreis zuwandten, und sie haben den Menschen gewiss viel Halt und Orientierung gegeben. Es gab immer auch Religionen, die das Leben auf dieser Erde für zweitrangig und die Beschäftigung mit seiner Alltäglichkeit für herabziehend hielten, die dazu aufriefen, man solle dieser Welt entsagen und auf den Wegen des Verzichts eine andere, höhere Wirklichkeit erreichen. Es war aber von jeher ein Besonderes am christlichen Glauben, dass er beides ergriffen hat: das Hier und das Dort. Das Jetzt und das Künftig. Und auch für unsere Zeit wird es eine der Signaturen des christlichen Glaubens sein, dass er sich ebenso entschieden dem irdischen Elend zuwendet, wie er von der Sehnsucht getrieben ist nach dem Reich der Gerechtigkeit und des Friedens, das über unsere kurze Geschichte auf dieser Erde hinausliegt. Bis zum heutigen Tag liegen in der Sehnsucht und in der Kraft, beides zu verbinden, seine Schönheit und seine Größe. Und seine Wahrheit.

Jörg Zink

4. Oktober

Erfahrung des Bösen

Die Erfahrung des Bösen ist die Erfahrung einer Macht. Wer von ihr redet, kann es nur tun, wenn er einen speziellen Schutz hat. Denn das Böse greift, sobald ich mich seiner erwehre, auch nach mir. Die Erfahrung des Bösen zwingt dazu, sich von unendlich vielem, was in dieser Welt Macht beansprucht, zu trennen. Man sperrt es aus, man grenzt es ein, man geht ihm nach, um es im Auge zu behalten, man wird dabei selbst in einem bestimmten Lebensrahmen sich eingrenzen müssen, um von ihm, wie man meint, fern zu sein. Und man erkennt, dass weder das Aus- noch das Einsperren gelingen wird. Und dabei kann niemand so recht genau sagen, was das eigentlich sei, das Böse. Wer das eigentlich sei, der allgegenwärtige Machthaber, mit dem man ins Handgemenge gerät. Dass das Böse und seine Erfahrung in den Bereich des Antireligiösen gehört, darüber wird man sich einigen können, aber dass es eben damit am Bereich des Religiösen Anteil hat, ist seine gefährlichste, zerstörerische Eigenart. Dass es eben damit zum Reich des Unwahren gehört wie zu den Grundwahrheiten des Menschenlebens.

Jörg Zink

5. Oktober

Beziehungsgeschichten

Es ist nicht einfach für uns zu verstehen, dass die Bibel von Gott so menschlich redet. Es ist ihr völlig selbstverständlich, dass Gott ein »Ohr« hat, also hört. Dass er »Augen« hat, also sieht. Dass er uns sein »Gesicht« zuwendet, dass er liebt und zürnt. Es »reut« ihn etwas, was er getan hat. Er beobachtet und urteilt: Er hat Hände. Er sitzt auf einem »Thron«. Er »spricht«. Die Bibel breitet von Gott ein ganzes Bilderbuch menschlicher Eigenschaften und Verhaltensweisen aus. Sie nimmt Figuren ihrer Umwelt und ihrer Zeit auf und nennt Gott einen »König« oder einen »Feldherrn« oder einen »Hirten«. Er steht uns bei wie ein guter Freund. Er tröstet wie eine Mutter. Die Schwierigkeiten lösen sich leicht und einfach, wenn wir bedenken, dass die Bibel damit nicht Gott beschreibt, sondern schildert, was zwischen ihm und uns Menschen geschieht, wie die Beziehungen zwischen ihm und uns sich darstellen. Ebenso verfährt Jesus, wenn er Gott einen »Vater« nennt oder einen Hausherrn, einen Geschäftsmann oder einen König, und wenn er in seinen kleinen Geschichten auf diese Weise schildert, worauf es zwischen Gott und uns Menschen ankommt. Es sind alles Beziehungsgeschichten, wie sie sich in den Verhältnissen zwischen uns Menschen spiegeln.

Jörg Zink

6. Oktober

Gott, der Lebendige

Die Bibel ist offensichtlich ein einziges buntes Bilderbuch unzähliger außergewöhnlicher Bewusstseinszustände, außergewöhnlicher spiritueller Erfahrungen. Erfahrungen mit dem lebendigen Gott. Wollen wir denn nun sagen: Nach dem Abschluss der Redaktion der biblischen Texte hat Gott zu reden aufgehört? Eine solche Meinung müsste sich angesichts der reichen und aussagestarken spirituellen Tradition seither erst noch beweisen. Gott, sofern er je der Lebendige war, ist lebendig. Er redet weiter. Ist das aber so, dann liegt viel an unserer Achtsamkeit, an unserer Hörfähigkeit, an unserem Mut, uns dieser Stimme auszusetzen, wie sie in dem uralten religiösen Erbe der Menschheit, aber auch aus der Bibel, auch aus den Stimmen von Menschen seither ergeht. Aus heutigen Ereignissen und Schicksalen. Aus den Stimmen von Menschen dieser Zeit. Und vor allem: auch aus uns selbst. Aus Gottes Geist, wie er sich in uns selbst kundtut. Es sei denn, wir könnten nicht an den Geist Gottes und wie er in dieser Welt wirkt und in uns selbst spricht, glauben.

Jörg Zink

7. Oktober

Gott erfahren

Gott sprach, sagt die Bibel, in der Urzeit. Er sprach in der Geschichte der Menschen. Was Menschen hörten, sagten sie weiter. Was sie einander sagten, schrieben sie auf. Das Wort von Gott wurde lesbar. Später wurde das lesbare Wort ausgelegt, gedeutet. Wer es hörte, trat in den Raum eigener Erfahrung, eigenen Sprechens und Hörens ein.

Dieses Wort gelangt zu einem Menschen grundsätzlich so, dass der Mensch es empfängt. Wahrheit muss auf ihn zukommen. Nicht der Mensch macht sich auf den Weg zur Wahrheit. Er öffnet vielmehr nur die Türen und die Fenster und lässt das Licht, das zu ihm kommen will, ein. Oder noch genauer: Er öffnet die Fenster seines Geistes nicht selbst, vielmehr werden sie von der ankommenden Information aufgedrückt oder aufgestoßen. Durch dieses Hereinkommen des Geistes in unsere Menschenwelt entsteht, was wir eine religiöse Atmosphäre nennen, die uns umgibt und einfasst wie das Wetter in der Lufthülle der Erde. Sie wird erfahrbar als Licht, als Wärme, als Wind, als Regen, als Duft. Als von »Luft, die alles füllet« spricht Tersteegen von Gott.

Jörg Zink

8. Oktober

Erfahrbarkeit des Glaubens

Taufe und Abendmahl sind für die Kirche der Reformation die beiden einzigen Sakramente, weil sie direkt auf Jesus Christus zurückgehen. Evangelische Spiritualität ist daher sicher zuallererst Tauf- und Abendmahlsspiritualität. Wasser, Brot und Wein sind elementare Versinnbildlichungen des Glaubens. Wenn Erfahrbarkeit des Glaubens gefordert wird, so erleben wir sie hier zuallererst. Und diese beiden Sakramente verbinden uns mit allen anderen Konfessionen. Wir taufen in die eine Kirche Jesu Christi hinein. Die gegenseitige Anerkennung der Taufe ist ein wichtiges Zeichen der Ökumene. Und die Sehnsucht, miteinander konfessionsverbindend Abendmahl bzw. Eucharistie feiern zu können, bleibt auf der ökumenischen Tagesordnung.

Margot Käßmann

9. Oktober

Gottes Gebote

Gott hat uns seine Gebote zu wissen gegeben und wir haben keine Ausflucht, als wüssten wir Gottes Willen nicht. Gott lässt uns nicht in unlösbaren Konflikten leben, er macht unser Leben nicht zu ethischen Tragödien, sondern er gibt uns seinen Willen zu wissen, er fordert seine Erfüllung und straft den Ungehorsam. Die Dinge sind hier viel einfacher als uns lieb ist. Nicht dass wir Gottes Gebote nicht wissen, sondern dass wir sie nicht tun, – und dann freilich als Folge solchen Ungehorsams allmählich auch nicht mehr recht erkennen – das ist unsre Not. Nicht dass Gott uns seine Gebote verbirgt, ist hier gesagt, sondern: Gott wird um die Gnade angerufen, seine Gebote nicht zu verbergen. Es steht in Gottes Freiheit und Weisheit, uns die Gnade seines Gebotes zu entziehen, dann aber gibt es für uns nicht die Resignation, sondern vielmehr das dringende und anhaltende Gebet: Verbirg deine Gebote nicht vor mir.

Dietrich Bonhoeffer

10. Oktober

Gewissen

Richtig ist, dass es niemals geraten sein kann wider das eigene Gewissen zu handeln. Darin ist sich alle christliche Ethik einig. Aber was bedeutet das? Das Gewissen ist der aus einer Tiefe jenseits des eigenen Willens und der eigenen Vernunft sich zu Gehör bringende Ruf der menschlichen Existenz zur Einheit mit sich selbst. Es erscheint als Anklage gegen die verlorene Einheit und als Warnung vor dem sich selbst Verlieren. Es ist primär nicht auf ein bestimmtes Tun, sondern auf ein bestimmtes Sein gerichtet. Es protestiert gegen ein Tun, das dieses Sein in der Einheit mit sich selbst gefährdet.

Dietrich Bonhoeffer

11. Oktober

Verantwortliches Handeln

In dieser formalen Bestimmung bleibt das Gewissen eine Instanz, gegen die zu handeln höchst widerraten ist; die Missachtung des Gewissensrufes muss eine Zerstörung – nicht etwa eine sinnvolle Hingabe – des eigenen Seins, ein Zerfallen der menschlichen Existenz zur Folge haben. Das Handeln wider das Gewissen liegt in der Richtung des selbstmörderischen Handelns gegen das eigene Leben, und es ist kein Zufall, dass beides oft genug mit einander verbunden ist. Ein verantwortliches Handeln, das dem Gewissen, in diesem formalen Sinn, Gewalt antun wollte, wäre in der Tat verwerflich.

Dietrich Bonhoeffer

12. Oktober

Das in Jesus Christus befreite Gewissen

Wo Christus, wahrer Gott und wahrer Mensch, zum Einheitspunkt meiner Existenz geworden ist, dort bleibt zwar das Gewissen – formal – immer noch der Ruf aus meinem eigentlichen Sein zur Einheit mit mir selbst; diese Einheit kann aber nicht mehr verwirklicht werden in der Rückkehr zu meiner aus dem Gesetz lebenden Autonomie, sondern in der Gemeinschaft mit Jesus Christus. Das natürliche – und sei es das rigoroseste – Gewissen erweist sich nun als die gottloseste Selbstrechtfertigung, es wird überwunden durch das in Jesus Christus befreite Gewissen, das zur Einheit mit mir selbst in Jesus Christus ruft. Jesus Christus ist mein Gewissen geworden. Das bedeutet, dass ich die Einheit mit mir selbst nur noch in der Hingabe meines Ich an Gott und die Menschen finden kann. Nicht ein Gesetz, sondern der lebendige Gott und der lebendige Mensch, wie er mir in Jesus Christus begegnet, ist Ursprung und Ziel meines Gewissens.

Dietrich Bonhoeffer

13. Oktober

Der sündlos Liebende

Um Gottes und der Menschen willen wurde Jesus zum Durchbrecher des Gesetzes: er brach das Sabbathgesetz, um es in der Liebe zu Gott und Mensch zu heiligen; er verließ seine Eltern, um im Hause seines Vaters zu sein und so den Gehorsam gegen die Eltern zu reinigen; er aß mit Sündern und Verworfenen, er geriet aus Liebe zu den Menschen in die Gottverlassenheit seiner letzten Stunde. Als der sündlos Liebende wurde er schuldig, wollte er in der Gemeinschaft der menschlichen Schuld stehen; die Anklage des Teufels, die ihn auf diesem Weg irremachen wollte, wies er von sich. So ist Jesus Christus der Befreier des Gewissens zum Dienst Gottes und des Nächsten, der Befreier des Gewissens auch und gerade dort, wo der Mensch in die Gemeinschaft der menschlichen Schuld eintritt.

Dietrich Bonhoeffer

14. Oktober

Für den Nächsten

Das vom Gesetz befreite Gewissen wird das Eintreten in fremde Schuld um des anderen Menschen willen nicht scheuen, es wird sich vielmehr gerade so in seiner Reinheit erweisen. Das befreite Gewissen ist nicht ängstlich, wie das an das Gesetz gebundene, sondern weit geöffnet für den Nächsten und seine konkrete Not. So einigt es sich mit der in Christus begründeten Verantwortung um des Nächsten willen Schuld zu tragen. Obwohl menschliches Handeln – im Unterschied zu der wesenhaften Sündlosigkeit Jesu Christi – niemals sündlos, sondern von der wesenhaften Erbsünde vergiftet ist, nimmt es als verantwortliches Handeln – im Gegensatz zu jedem selbstgerecht-prinzipiellen Handeln – doch indirekt an dem Handeln Jesu Christi teil. Es gibt also für das verantwortliche Handeln so etwas wie eine relative Sündlosigkeit, die sich gerade im verantwortlichen Aufnehmen fremder Schuld erweist.

Dietrich Bonhoeffer

15. Oktober

Ethische Sensibilität

Die Ansprüche bestehen in Forderungen, die völlig neu sind und so hoch, dass unsere ethische Leistungsfähigkeit größer und unser Gewissen unabhängiger sein müssten, als es je von der Menschheit gefordert war. Allein durch eine Aufzählung der Aufgabenfelder wird klar, dass heute eine ethische Sensibilität aufblühen müsste, weltweit, wie die Menschheit sie nie aufgebracht hat.

In einer fatalen Gegenläufigkeit zu diesen wachsenden Ansprüchen scheinen die Fähigkeit und der Wille, irgendeiner ethischen Forderung zu entsprechen, in den Menschen dahinzuschwinden.

Jörg Zink

16. Oktober

Die Aufgaben wachsen

Jürgen Habermas äußerte unlängst, was wir beobachteten, sei ein Verdorren aller normativen Sensibilitäten. Heute verändere sich die Konstellation zwischen Religion und Aufklärung. Es gehe nicht mehr um das kritische Hinterfragen alter Normvorstellungen, sondern darum, dass wir lernten, dass auch unser Staat lernte, behutsamer als je mit allen Ressourcen umzugehen, aus denen sich die moralische Sensibilität seiner Bürger speise. Das Wort kommt einem vorsichtigen Griff gleich in Zeiten, die unserer westlichen Aufklärung vorausliegen. Es fragt nach den uralten Weisen, wie Menschen jemals zu ihren ethischen Aufstellungen gekommen sind. Wie aber öffnet man Menschen, die einer Ethik nicht zu bedürfen meinen, den Zugang zu den Ressourcen moralischer Sensibilität? Es ist eine Aufgabe, von der ich im Augenblick nicht sehe, wie sie erfüllt werden soll. Die Aufgaben wachsen, der Wille und die Kraft, sie zu bewältigen, nehmen ab.

Jörg Zink

17. Oktober

Gut handeln

Solange ich moralisch denke, gilt die Reihenfolge, dass ich das Vorgeschriebene tun muss, um zu einem guten Menschen zu werden. Mein gutes Tun macht mich zu einem nützlichen Glied der Gesellschaft. Denke ich hingegen ethisch, so werde ich entdecken, dass ich ein guter Mensch sein muss, um gut handeln zu können. Dass eine Wandlung in mir vorgegangen sein muss, damit ein verändertes Tun aus mir hervorgehen kann. Dass etwas in mir anders geworden sein muss, soll mein Tun sich von dem eines Herdenwesens unterscheiden, das dem Trieb aller oder auch nur etwa seinen eigenen Bedürfnissen folgt. Wie aber soll dieser veränderte Mensch zustande kommen? Das ist die Grundfrage, von der eine ernsthaft auf die Zukunft der Menschheit hin entworfene Ethik auszugehen hat. Anders wird sie in weltfernen Träumen oder abstrakten Zumutungen enden.

Jörg Zink

18. Oktober

Schweigen

Weil Gott ein rufender, ein berufender und ein sprechender Gott ist, leben wir Mönche geistig auch ganz aus dem »Wort Gottes«, das ist vor allem die Bibel. Wir lesen persönlich täglich in der »Geistlichen Lesung« die Heilige Schrift, wir hören Abschnitte der Bibel in den stundenlangen Chorgebetszeiten und wir beten in den Psalmen auf Gott zu mit jenen Worten, die selbst ein Teil der Bibel sind. Ein christliches Kloster ist ein worterfüllter Ort. Die Vorstellung, dass es im Kloster nur um das Schweigen geht, ist falsch. Vor allem dann, wenn man unter Schweigen nur das Stillsein versteht. Natürlich ist das Schweigen für uns Mönche eine Tugend. Wir sprechen nur, wo es notwendig ist. In der Nacht liegt ein heiliges Silentium über dem Kloster. Aber unser Schweigen des Mundes hat einen Zweck, der gerade nicht in der Stille als Stille liegt. Das Schweigen ist für uns christliche Mönche ein Hilfsmittel zur besseren, ja zur eigentlichen Kommunikation. Wir sprechen zu bestimmten Zeiten deshalb nicht miteinander, damit die Ohren unseres Herzens die Chance haben, den leisen und doch so konkreten Dialog mit Gott umso lauter zu führen. Äußere Stille bewirkt innere Hörbereitschaft, bewirkt die Fähigkeit zum inneren Gespräch mit Gott.

Karl Josef Wallner

19. Oktober

Wort Gottes und Licht

Ein Kloster ist ein solcher Ort, an dem Gottes Wort sich verdichtet, anschaulich und sinnenhaft erlebbar wird. Wie gesagt: zuerst einmal das Wort. Das Wort Gottes, das biblische Wort, die Nähe auch des Mensch gewordenen Wortes Gottes in den Sakramenten, die wir täglich feiern, das ist unser Lebenselixier. Für Gäste gilt: Wer in ein Kloster kommt, der hört etwas, der wird bei der Teilnahme am Chorgebet mit dem Gotteswort konfrontiert; der erhält vom Gastmeister eine Bibel, der darf in der Bibliothek aus den tausenden Büchern wählen, die allesamt nur den Zweck haben, die Kommunikation zwischen Gott und uns Menschen zu befruchten. Aber Kloster ist nicht nur Begegnung mit dem Wort Gottes, es ist auch Begegnung mit einem Licht, das aus einer anderen Welt herüberreicht. Während das worthafte Eindringen Gottes etwas spezifisch Irdisches ist, weil nur wir Menschen hier kraft der dünnen Gas-Atmosphäre unserer Erde durch schallwellenübertragene Worte kommunizieren können, ist der ganze Kosmos von Strahlung der verschiedensten Art erfüllt. Nur für eine dieser Strahlungsformen haben wir Menschen ein Sensorium entwickelt bzw. von Gott geschenkt erhalten, das ist das Licht.

Karl Josef Wallner

20. Oktober

Jeden Tag aus Gottes Hand nehmen

Jeden Tag aus Gottes Hand nehmen, sich bewusst machen: dieser Tag ist etwas Besonderes, das verändert unsere Lebenshaltung. Eine solche Haltung meint: ich habe auch eine tiefere Dimension im Leben als all das Rennen, Schaffen, Zweifeln, Ringen. Ich habe eine Seele und die braucht Zeit und Raum.

Margot Käßmann

21. Oktober

Glauben im Leben umsetzen

Müssen wir nicht an den Herausforderungen heute völlig verzweifeln? Jede Generation steht vor der Herausforderung, ihren Glauben auch im Leben umzusetzen. Wir verstehen uns als Beteiligte an der Schöpfung Gottes. Deshalb gilt es, nicht zu verzagen, sondern die großen Fragen von Gerechtigkeit, Frieden und Bewahrung der Schöpfung zumindest an einem Punkt in meinem Leben aufzugreifen. Vielleicht durch ein Engagement in der Hospizbewegung oder bei amnesty international oder in einer Partnerschaft des Kirchenkreises mit Afrika. Niemand kann die ganze Welt verändern, aber jeder und jede am eigenen Ort aktiv werden. Wie lernen wir diese christliche Freiheit? Wahrscheinlich sind Vorbilder das Allerwichtigste. Das müssen wir selbst uns auch klar machen mit Blick auf junge Leute. Innerlich frei hat auf mich nachdrücklich Nelson Mandela gewirkt. Da wird ein Mann nach 27 Jahren aus der Haft entlassen und beginnt nicht zu klagen oder seine Peiniger zu verfolgen, sondern sieht die Welt strahlend an, voller Hoffnung, und knüpft sofort an sein Engagement für Freiheit und Gerechtigkeit an. Ein solches Vorbild war für viele auch Dietrich Bonhoeffer, der in der Haft und angesichts seiner Ermordung Würde und innere Freiheit behielt. Es gilt, ihre Geschichten zu erzählen, aber auch heute selbst glaubwürdige Zeuginnen und Zeugen solcher Freiheit zu sein – als Eltern, aber auch weit darüber hinaus.

Margot Käßmann

22. Oktober

Lebenslust

Martin Luther hat einmal gesagt, das Evangelium könne nur mit Humor gepredigt werden! Ja, Lebenslust, eine gewisse Leichtigkeit des Seins, sie gehören dazu, wenn ich mich von Gott gehalten weiß. Griesgrämigkeit und ein Trauerkloßdasein sind ein fundamentaler Widerspruch zur Lebenszusage Gottes! Was nicht heißt, dass die Probleme und Belastungen einfach ignoriert werden. Nein, aber ich kann sie aussprechen, mit Gott besprechen, einordnen in die große Linie meines Lebens. Denn ich weiß: das Leben ist kein ruhiger Fluss, da gibt es Höhen und Tiefen. Das macht das Leben ja lebenswert, spannend, lebendig. Schwere Erfahrungen lassen die Menschen auch reifen. Wer glaubt, kann der Tatsache ins Gesicht sehen, dass die uns jeweils geschenkte Zeit begrenzt ist. Das verändert den Blick auf das Leben, macht bewusster, wie verletzlich es ist.

Margot Käßmann

23. Oktober

Herausforderungen des Lebens

Gott ist treu, heißt es in der Bibel. Wenn ich das weiß, kann ich gelassener werden. Und auch diese elende Angst ablegen, stark sein zu müssen, mich zu beweisen. Oder vielleicht auch aufhören, immer woanders das Bessere zu suchen. Es geht darum, unser Leben zu ordnen in all dem Durcheinander. Dazu gibt Gott Orientierung. Und diesen Lebensstil, diese Überzeugungskraft des Glaubens braucht unsere Zeit heute. Gerade wo Menschen verunsichert sind, braucht es solche, die wissen, wo sie stehen, die einen festen Boden unter den Füßen haben, um den Herausforderungen des Lebens zu begegnen.

Margot Käßmann

24. Oktober

Meditation

Es ist nicht nötig, dass wir in der Meditation neue Gedanken finden. Das lenkt uns oft nur ab und befriedigt unsere Eitelkeit. Es genügt vollkommen, wenn das Wort, wie wir es lesen und verstehen, in uns eindringt und bei uns Wohnung macht. Wie Maria das Wort der Hirten »in ihrem Herzen bewegte«, wie uns das Wort eines Menschen oft lange Zeit nachgeht, in uns wohnt, arbeitet, uns beschäftigt, beunruhigt oder beglückt, ohne dass wir etwas dazu tun könnten, so will Gottes Wort in der Meditation in uns eingehen und bei uns bleiben, es will uns bewegen, in uns arbeiten, wirken, dass wir den ganzen Tag lang nicht mehr davon loskommen, und es wird dann sein Werk an uns tun, oft ohne dass wir davon wissen.

Dietrich Bonhoeffer

25. Oktober

Das Du begegnet mir

Das Du begegnet mir von Gnaden – durch Suchen wird es nicht gefunden. Aber dass ich zu ihm das Grundwort spreche, ist Tat meines Wesens, meine Wesenstat.

Das Du begegnet mir. Aber ich trete in die unmittelbare Beziehung zu ihm. So ist die Beziehung Erwähltwerden und Erwählen, Passion und Aktion in einem. Wie denn eine Aktion des ganzen Wesens, als die Aufhebung aller Teilhandlungen und somit aller – nur in deren Grenzhaftigkeit gegründeter – Handlungsempfindungen, der Passion ähnlich werden muss.

Das Grundwort Ich-Du kann nur mit dem ganzen Wesen gesprochen werden. Die Einsammlung und Verschmelzung zum ganzen Wesen kann nie durch mich, kann nie ohne mich geschehen. Ich werde am Du; Ich werdend spreche ich Du. Alles wirkliche Leben ist Begegnung.

Martin Buber

26. Oktober

Das wahre Du

Manche wollen verweisen, das Wort Gott rechtmäßig zu gebrauchen, weil es so missbraucht sei. Und gewiss ist es das beladenste aller Menschenworte. Eben darum ist es das unvergänglichste und unumgänglichste. Und was wiegt alle Irr-Rede über Gottes Wesen und Werke (wiewohl es keine andere gegeben hat und geben kann) gegen die Eine Wahrheit, dass alle Menschen, die Gott angesprochen haben, ihn selbst meinten? Denn wer das Wort Gott spricht und wirklich Du im Sinn hat, spricht, in welchem Wahn immer er befangen sei, das wahre Du seines Lebens an, das von keinem andern eingeschränkt zu werden vermag und zu dem er in einer Beziehung steht, die alle andern einschließt.

Aber auch wer den Namen verabscheut und gottlos zu sein wähnt, wenn der mit seinem ganzen hingegebnen Wesen das Du seines Lebens anspricht, als das von keinem andern eingeschränkt zu werden vermag, spricht er Gott an.

Martin Buber

27. Oktober

Das Leben als Geschenk

Es ist gut, einmal innezuhalten und zu fragen, wie ich mein Leben eigentlich verstehe. Wenn ich es als Geschenk annehmen kann, als geschenkte Zeit – hat dieser Tag dann einen besonderen Wert? Wenn ich ihn als ein Geschenk sehe, sehe ich auch die Kleinigkeiten, die es wert sind, sich darüber zu freuen. Dann werde ich sensibler mit Blick auf die Menschen, mit denen ich täglich lebe.

Margot Käßmann

28. Oktober

Was im Leben trägt

Lassen Sie sich ein auf die Suche nach Ihrem Weg zur Gotteserfahrung. Manchmal braucht es Mut, sich auf einen solchen Weg zu begeben. Dieser Mut aber lohnt sich, denn erfahrener und gelebter Glaube gibt unserem Leben eine Tiefe, die nicht käuflich ist. Es geht um Halt und Orientierung in diesem Leben und weit darüber hinaus. Dafür Zeit zu finden in unserem Leben, ist eine lohnende Angelegenheit. Wir erfahren, dass der christliche Glaube nicht eine Sache allein des Kopfes ist. So wird die biblische Überlieferung zur persönlichen Gotteserfahrung. So kann Jesus Christus erfahren werden mit Herzen, Mund und Händen als der, der im Leben trägt.

Margot Käßmann

29. Oktober

Sprachfähig werden im Glauben

Mir geht es darum, dass wir in unserer Zeit von der Bibel her Orientierung suchen und auch endlich die Sprache wieder finden. Über alles und jedes wird gesprochen, aber nicht über den eigenen Glauben. Es wird darauf ankommen, in der individualisierten Gesellschaft zu sagen, was ich glaube, was mich überzeugt, was mich trägt. Was müssen wir als Christinnen und Christen tun, um Menschen nahezubringen: Du kannst dich auf Gott verlassen. Gott kann der feste Grund in deinem Leben sein, Jesus kann für dich ganz persönlich etwas bedeuten. Welche Sprache können wir finden, die weder verkitscht noch altertümlich oder aufdringlich ist, sondern schlicht überzeugend?

Margot Käßmann

30. Oktober

Gemeinschaft

Gemeinschaft im Hören, Singen, Beten und vor allem im Abendmahl ist Teil christlicher Spiritualität. Menschen sind eingeladen, in den Gottesdienst zu kommen aus Freude an Gottes Gegenwart, an der Schönheit des Gotteshauses, an der Liebe zu Gottes Wort, im Bewusstsein der Gemeinschaft. Unsere Spiritualität kann sich ganz individuell gestalten durch die vielen Möglichkeiten, die unser Glaube bietet. Aber es ist wichtig, dass sie immer auch eingebettet ist in die Spiritualität der Tradition und der Gemeinschaft.

Margot Käßmann

31. Oktober

Die Bibel

Die Bibel ist das grundlegende Buch unseres Glaubens. Sie liest sich niemals aus, denn ein Text der Bibel ist nie ein für alle Mal im Leben derselbe. Für mich selbst merke ich, wie die Texte der Bibel immer neu in die jeweilige Situation hinein sprechen. Der biblische Text ist die Niederschrift einer Glaubenserfahrung, die in Dialog tritt mit Glaubenden heute und ihrer jeweiligen Situation. Erzählte Gotteserfahrung und erlebte Gottesexistenz treffen aufeinander. Es geht um eine Dreiecksbeziehung zwischen Gott, Mensch und Lebenssituation, in der biblische Texte je neu bedacht und wichtig werden.

Margot Käßmann

1. November

Gedenken und erinnern

Ich möchte Sie ermutigen, sich einen eigenen »Heiligen« oder eine »Heilige« zu suchen. Nein, nicht als Vermittlung zu Gott! Aber als Person der Geschichte, die ihren Glauben gelebt hat. Ich denke, wir können lernen von unseren Vätern und Müttern im Glauben. Und wir können uns vertiefen in die Geschichte des christlichen Glaubens, Kraft daraus gewinnen, wie andere in viel schwierigeren Herausforderungen, als wir sie vor uns sehen, von Gott die Kraft geschenkt bekamen, nicht zu verzagen, sondern zu bestehen. Das kann unser Vertrauen bestärken, wenn wir an unserem eigenen Kleinglauben zu verzweifeln meinen, wenn wir befürchten, nicht gut oder fest genug zu glauben. Schauen Sie doch einmal, ob Ihr Name im »Heiligenverzeichnis« einen Vorgänger oder eine Vorgängerin anzeigt. Oder vielleicht ist Ihr Geburtstag ein besonderer Gedenktag. Oder Sie entdecken einen Vater oder eine Mutter im Glauben, die Sie besonders beeindruckt, bewegt, nachdenklich macht. Über das Gedenken und Erinnern der Geschichte der anderen können wir für unser eigenes Glaubensleben lernen.

Margot Käßmann

2. November

Geist zwischen Ich und Du

Geist in seiner menschlichen Kundgebung ist Antwort des Menschen an sein Du. Der Mensch redet in vielen Zungen, Zungen der Sprache, der Kunst, der Handlung, aber der Geist ist einer, Antwort an das aus dem Geheimnis erscheinende, aus dem Geheimnis ansprechende Du. Geist ist Wort. Und wie die sprachliche Rede wohl erst im Gehirn des Menschen sich worten, dann in seiner Kehle sich lauten mag, beides aber sind nur Brechungen des wahren Vorgangs, in Wahrheit nämlich steckt die Sprache nicht im Menschen, sondern der Mensch steht in der Sprache und redet aus ihr, – so alles Wort, so aller Geist. Geist ist nicht im Ich, sondern zwischen Ich und Du. Er ist nicht wie das Blut, das in dir kreist, sondern wie die Luft, in der du atmest. Der Mensch lebt im Geist, wenn er seinem Du zu antworten vermag. Er vermag es, wenn er in die Beziehung mit seinem ganzen Wesen eintritt. Vermöge seiner Beziehungskraft allein vermag der Mensch im Geist zu leben.

Martin Buber

3. November

Neues Land

Was mich selbst betrifft, so habe ich in meinen jungen Jahren mehr mit dem Tod zu tun gehabt, als für einen Zwanzigjährigen gut ist. Inzwischen ist er mir fast zu einem vertrauten Freund geworden. Niemals war er für mich das große Aus, der letzte Punkt, nie habe ich ihn anders gesehen als so, dass er der ist, der mir den Schritt in die andere, die größere Wirklichkeit eröffnet. Er hatte für mich immer etwas an sich von einem Aufbruch, besser, von der Ausfahrt eines Schiffes hinaus auf das Meer an ein anderes Ufer. Ich stand dabei wie auf einer Landungsbrücke, den Abschied übend, und sah: Sturm kommt auf. Aber wir fahren! Wir fahren in ein Land jenseits aller Ferne oder Nähe. Ein neues, unbetretenes. Warum soll mich das schrecken, wenn ich doch weiß, wer mich dort empfängt?

Jörg Zink

4. November

Leben als Geschenk

Wer das eigene Leben als Geschenk von Gott versteht, hat einen anderen Blick auf das Leben insgesamt. Da geht es nicht zuallererst darum, möglichst viel rauszuholen. Das Leben, die Zeit – ich nehme sie aus Gottes Hand und gestalte sie. Diese Zeit kann kürzer oder länger sein. Aber das ist nicht das Entscheidende. Niemand kann über den Sinn entscheiden. Ob ich mehr leisten kann oder weniger, ob ich alt oder jung bin, gesund oder krank – es ist befreiend, glauben zu dürfen, dass Gott mir Sinn zusagt.

Margot Käßmann

5. November

Alles hat seine Zeit

Man lernt ja in seinen alten Tagen manches ganz unmerklich, das man in der Eile seiner betriebsamen Jahre nicht lernen konnte. Zum Beispiel, dass die Zeit, die immer schneller weitertreibende, durchaus auch eine innere Ruhe hat. Sie eilt nicht mehr, sie kann auch spazieren, bummeln oder stehen bleiben. Alles hat seinen Ort, das Wichtige und das Unwichtige. Das Gute und das weniger Gute. Neben den großen Träumen von früher hat auch die neue kleine Mühsal ihre eigene Würde.

Alles hat seine Zeit, sagt die Bibel. Alles lebt und atmet und hat sein Recht. Alles fügt sich ineinander, ist abgestimmt auf das Ganze. Auch wir selbst. Es ist ja nicht wichtig, vollkommen zu werden. Wirklich nicht. Wichtiger ist, dass in uns etwas entsteht wie ein gelassener Mensch, der freundlich aus der Hand gibt, was ihm die Unruhe seines äußeren und inneren Lebens gebracht hat.

Jörg Zink

6. November

Hoffnung ausstrahlen

Wer darauf vertraut, dass Gott uns hält und begleitet, kann Hoffnung ausstrahlen! Dabei geht es nicht einfach um Optimismus nach dem Motto »Wird schon wieder!«. Nein, manches wird nicht wieder. Es gibt Fehler und Schuld im Leben, es gibt Krankheit und Tod als bittere Realität. Aber das Leben selbst ist keine Sackgasse, es ist ein Weg auf Gottes Ewigkeit hin. Das ist der Kern der christlichen Botschaft: Jesus ist nicht im Tod geblieben, sondern Gott hat ihn gehalten über das Sterben hinaus. Gottes Leben, Gottes Existenz ist viel weiter und größer als das, was wir sehen.

Margot Käßmann

7. November

Sind wir noch brauchbar?

Wir sind stumme Zeugen böser Taten gewesen, wir sind mit vielen Wassern gewaschen, wir haben die Künste der Verstellung und der mehrdeutigen Rede gelernt, wir sind durch Erfahrung misstrauisch gegen die Menschen geworden und mussten ihnen die Wahrheit und das freie Wort oft schuldig bleiben, wir sind durch unerträgliche Konflikte mürbe oder vielleicht sogar zynisch geworden – sind wir noch brauchbar? Nicht Genies, nicht Zyniker, nicht Menschenverächter, nicht raffinierte Taktiker, sondern schlichte, einfache, gerade Menschen werden wir brauchen. Wird unsere innere Widerstandskraft gegen das uns Aufgezwungene stark genug und unsere Aufrichtigkeit gegen uns selbst schonungslos genug geblieben sein, dass wir den Weg zur Schlichtheit und Geradheit wiederfinden?

Dietrich Bonhoeffer

8. November

Leben und Tod

Irgendwann überfällt es heute den Gelassensten und den Lebenslustigsten: Es wird eine Welt geben, in der ich nicht mehr vorkomme. Dann werden ebenso viele Menschen leben wie heute, nur ich nicht. Und warum? Was ist das für eine Brutalität? Was für eine Sinnlosigkeit? Der Tod wird mir als die erste und vielleicht einzige unbestreitbare Wahrheit begegnen, und ich werde nicht anders können, als sie entweder zu akzeptieren oder bis zum Ende zu verdrängen, sie zurechtzuinterpretieren oder aber eine zage Hoffnung zu bewahren, für die es so einfach keine Grundlage gibt. Es sei denn, ich erzählte mir selbst die Geschichte von der Auferstehung der Toten. Ich erzählte mir von jenem Mann aus Nazaret, der sterbend und auferstehend die Gewähr dafür übernahm, der Durchstieg durch die dunkle Zone des Todes gebe den Blick frei auf eine neue Art Leben, eine neue Art Erfüllung, eine neue Art Auftrag auch. Aber in der primären schockierenden Erfahrung des Sterbens ist durch eine optimistische Annahme irgendwelcher idealistischer Art, die Wahrheit beanspruchen könnte, nichts zu gewinnen.

Jörg Zink

9. November

Glaube gibt Halt

Mich tröstet mit Blick auf all das Leid in der Welt immer wieder: Wir können mit unseren Ängsten und Sorgen zu Gott kommen. Auch wenn wir uns abgewendet haben, Gott belächelt oder verachtet haben, in großem Abstand zu Gott leben, ist Gott doch bereit, uns zuzuhören. Das spüren auch Menschen heute immer wieder, selbst wenn sie sich weit entfernt haben vom Glauben. Dieser Glaube gibt Halt. Da finden sich Trost und Kraft in einer Botschaft, die so viel älter ist als wir selbst.

Margot Käßmann

10. November

Erfahrung Gottes

Die Erfahrung Gottes als des Nichtvorhandenen, des Leeren, des Nichts ist für uns Heutige, die wir nicht uns selbst unsere Frömmigkeit vorspielen, nicht nur eine Gefahr, sondern eine uns immer wieder ergreifende Wirklichkeit. »Warum hast du mich verlassen?«, fragt unter den Christen, die heute die Kirche bilden, jeder zweite. Mindestens. Dass Gott kommt und geht, ist immer wahr gewesen, dass er Licht ist und Finsternis zugleich ebenso. Dass ein Mensch ruft, wie der Titel des Tagebuchs von Mutter Teresa: »Komm, sei mein Licht!«, ist nicht neu, sondern immer unter schwerem Leiden erfahren worden, und zwar von den Bevorzugten Gottes, wie Jesus sagt, den Armen, denen gegeben wird, in Erwartung des Geistes mit den leeren Händen ihrer Erfahrung den wirklichen Gott zu empfangen. Gerade den wirklich Heiligen, den Großen unter den Glaubenden konnte das Privileg zugemutet werden, ein Leben lang der dichten Nähe des abwesenden Gottes ausgesetzt zu sein. Wollte Teresa nicht leben wie die Ärmsten der Leidenden? Und ist ihr das nicht zugefallen?

Jörg Zink

11. November

Reich der Nacht

Es gibt viele Wege in das Reich der Nacht. In der Meditation schließt einer die Augen, um in dieses Reich hinüberzutreten, und wenn er weiß, was er tut, so wird er hinübergehen auf der Suche nach dem wirklichen Licht, das so klar nur die Nacht hat. Ein anderer sucht das Dunkel, das er vor seiner Geburt bewohnt hat, und spricht damit seine Sehnsucht aus nach Wiedergeburt in ein anderes Licht. Ein anderer versucht, die Gegensätze von Tag und Nacht, von Geburt und Tod in eins zusammenzuschauen. Einer sehnt sich aus unserer banalen Aufklärungskultur mit ihrer einseitigen Bindung an das Tageslicht hinaus, so auch aus der schmerzenden nächtlichen Überhelle einer modernen Stadt, die von Nacht nichts mehr wissen will. In uns allen sind noch immer die Spuren eines uralten, steinzeitlichen Höhlenbewusstseins, das uns tief in die Erde lockt, wohin der Tag nicht dringt. Und dort will die Nacht uns ihre faszinierende, sammelnde Kraft zuwenden, die das spirituelle Wachstum unserer Seele will. Die Nacht erweist sich uns als eine Art von Weltinnenraum, und für das schwindende Tagesbewusstsein als bergende Zuflucht.

Jörg Zink

12. November

Freiheit zum Leben

Wer glaubt, sieht auch die dunklen Tage, die schwierigen Zeiten in einem anderen Licht. Ist mit Gott im Gespräch darüber. Aber Glaube ist keine Sache nur für die dunklen Tage des Lebens. Nein, Glauben ist eine wunderbare Lebenshaltung. Sie ermöglicht mir Freiheit zum Leben. Ich weiß, wo ich stehe, ich erfahre mich als gehalten von der großen Lebenskraft Gottes und kann mutig auf das Leben zugehen.

Margot Käßmann

13. November

Umkehr

Es gibt eine dämonische Frage, eine Scheinfrage, die die Frage Gottes, die Frage der Wahrheit äfft. Sie ist daran zu erkennen, dass sie nicht bei dem »Wo bist du?« innehält, sondern fortfährt: »Von da heraus, wo du hineingeraten bist, führt kein Weg mehr.« Es gibt eine verkehrte Selbstbesinnung, die den Menschen nicht zur Umkehr bewegt und auf den Weg bringt, sondern ihm die Umkehr als hoffnungslos darstellt und ihn damit dorthin treibt, wo sie anscheinend vollends unmöglich geworden ist und der Mensch nur noch kraft des dämonischen Hochmuts, des Hochmuts der Verkehrtheit, weiterzuleben vermag.

Martin Buber

14. November

Segen erfahren

Segen ist insofern eine spirituelle Erfahrung, als wir unser Leben erfahren können als getragen von Gott und der Liebe anderer Menschen. Dass uns zugesagt wird, in Gottes Segenskreis zu stehen, gibt uns Kraft in schweren Zeiten. Es kann heilsam sein, diesen Segen wahrzunehmen mit tiefstem Herzen. Es geht im Segen »um das Leben in Fülle in allen Dimensionen menschlicher Existenz« Überlegen Sie, wen Sie gern segnen würden, wer vielleicht sehr auf eine Segenszusage wartet. Gerade kranken, einsamen oder sterbenden Menschen kann ein solcher Zuspruch sehr gut tun. Oder nehmen Sie bewusst den Segen im Gottesdienst wahr. Wenn Sie eine besondere Situation vor sich haben, überlegen Sie, wer Sie segnen könnte. Sie können einen Pfarrer oder eine Pfarrerin darum bitten, aber segnen kann Sie auch jeder andere Christ, jede andere Christin.

Margot Käßmann

15. November

Hoffnung

An der Stelle der vielen Hoffnungen die eine Hoffnung festhalten. Hoffnung muss in der Einzahl stehen, sonst handelt es sich um Wünsche und Träume. Nach allen Hoffnungen auf einen segensreichen Fortgang der Menschheitsgeschichte wird mir meine Hoffnung, mit der ich unterwegs bin, sagen: Wir kommen irgendwoher. Wir gehen irgendwohin. Auch wir, die Menschheit insgesamt. Der Sinn dieser Geschichte liegt über die heutige Menschenwelt weit hinaus. Wir kommen zur Welt. Wir leben, sterben und erwachen. Was wir Tod nennen, ist die Rückseite einer ganz anderen Art Leben, und wir werden beim Überschritt dort hinüber mit einer uns hier nicht vorstellbaren Klarheit uns selbst und die größere Welt zu Gesicht bekommen. Unser Leben währt ja nicht, bis der Tod es beendet, wir sind vielmehr in der Hand des Todes, bis wir frei werden und ins Leben treten, hinüber in ein von Gottes Geist erfülltes Dasein ohne Raum und Zeit. Was uns tragen wird, wird der Wind sein, den wir den Geist Gottes nennen.

Jörg Zink

16. November

Wir spielen die Tadellosen

Wir verbergen die eigenen Fehler und sträflichen Handlungen. Die Kinder dürfen keine Kritik üben, sie dürfen unsere Untugenden, schlechten Gewohnheiten und Eigenheiten nicht entdecken. Wir spielen die Tadellosen. Unter Androhung höchster Ungnade verteidigen wir die Geheimnisse des herrschenden Clans, der eingeweihten Kaste – die sich höheren Aufgaben widmet. Nur das Kind darf man schamlos entblößen und an den Pranger stellen. Wir spielen mit den Kindern mit falschen Karten; gegen die Schwäche des Kindesalters spielen wir die Trumpfkarte der erwachsenen Vorzüge aus. Wir sind Falschspieler, wir mischen die Karten so, dass wir uns die besten, ihnen die schlechtesten geben. Und wo sind unsere Fahrlässigen und Leichtsinnigen, unsere genusssüchtigen Feinschmecker, die Dummköpfe, Faulenzer, Liederjane, die Abenteurer, die Gewissenlosen, die Betrüger, Trinker, Diebe; wo sind unsere offenen und verborgenen Gewalttaten und Vergehen; wie viel Zank, Hinterlist, Eifersucht, Verleumdung und Erpressung, wie viele kränkende Worte und ehrverletzende Handlungen; wie viele stille Familientragödien, in denen die Kinder als erste Opfer Märtyrerqualen leiden.

Janusz Korczak

17. November

Reichtum

Wir sind zu Reichtum gekommen. Wir ziehen den Nutzen nicht mehr aus der eigenen Arbeit. Wir sind Erben, Aktionäre, Miteigentümer eines riesigen Vermögens. Wie viele Städte besitzen wir, wie viele Gebäude, Fabriken, Gruben, Hotels, Theater; wie viele Waren sind auf dem Markt, wie viele Schiffe transportieren sie – die Konsumenten drängen sich förmlich auf und bitten, dass man sich ihrer bedient. Ziehen wir Bilanz, wie viel von der gemeinsamen Rechnung auf das Kind entfällt, welcher Anteil ihm gebührt, nicht aus Gnade, nicht als Almosen. Prüfen wir ehrlich, wie viel davon wir dem Volk der Kinder, der Nation der Kleinen, der Klasse der Fronenden für ihren Gebrauch zumessen. Auf wie viel ihr Erbteil sich beläuft, wie die Aufteilung eigentlich aussehen müsste; wurden sie nicht von uns enterbt, enteignet – wie von unehrlichen Vormündern? Sie fühlen sich beengt, armselig; es ist stickig, langweilig, hart für sie.

Janusz Korczak

18. November

Erinnerung

Im Rückblick eines alt gewordenen Menschen kann es sehr deutlich werden. Er erinnert sich dessen, was er mit dreißig getan hat, genauer als dessen, was vor kurzem war. Und, was er erinnert, ist schutzloser vor seinen Augen. Es war verfehlt. Es war an allem vorbei, was er selbst gewusst hatte. Es widersprach seinen wirklichen Überzeugungen. Und es ist geschehen. Menschen wurden geschädigt oder verwirrt dadurch, dass er es tat. Und es ist nichts daran zu ändern. Es steht fest. Es hat seine Folgen gehabt außen unter den Menschen und innen in ihm selbst. Es nahm ihm selbst seine Würde, seine Glaubwürdigkeit. Es begleitet ihn und es wird mit ihm zusammen hinübergehen in die andere Welt. Es wird kein Vertuschen geben. Kein Aufrichten von Fassaden. Und es wird keinen Trost geben außer der Liebe Gottes, die Jesus Christus bezeugt hat.

Jörg Zink

19. November

Gott hat etwas mit uns vor

Und was soll anders unser Christentum? Soll es abmagern auf eine politische Moral, links oder rechts festgebunden? Soll es in kurzatmigen Revolutionen verrauschen oder im Interesse bürgerlicher Sicherheit erstarren? Soll es verkümmern zur Seelen erwärmenden Innenschau oder zur gedankentrockenen Existenzdeutung? Wenn wir nicht erkennen, dass es eine das ganze Dasein mitreißende Kraft ist, wenn uns kein Ziel vor Augen steht, auf das es hindrängt, sind wir, sagt Paulus, die Betrogensten unter allen Menschen. Das setzen wir doch voraus: Dass diese ganze Entwicklung nicht durch Zufall läuft, wie sie läuft, und nicht aus einem Naturzwang, sondern weil Gott etwas mit ihr vorhat. Da ist doch eine Dynamik, die die Dynamik Gottes ist! Da ist eine Linie in der kosmischen Geschichte, die die Linie Gottes ist. Ziele, die die Ziele Gottes sind. Und das glauben wir doch: dass nichts nur zugrunde geht, sondern überall schaffende, verändernde Kraft ist, die in die Wirklichkeit hereindrängt.

Jörg Zink

20. November

Begegnung mit Gott

Jesus sagt: Vor dir liegt ein Weg durch einen kurzen Abschnitt der Dunkelheit, aber der führt dich in ein neues, anderes Dasein. Dein Weg führt dich weder ins Nichts noch ins Unbekannte, weder in die Wirrnis noch in den ewigen Kreislauf. Er führt geradeaus in die Helle und in die Freiheit. In die Begegnung mit Gott. Jesus spricht von jener anderen Welt als vom »Reich Gottes«. Das brauchst du nicht herzustellen. Es kommt und nimmt dich auf, unabhängig von deinen Möglichkeiten, wie du auch den Sinn deines eigenen kleinen Lebens nicht zu machen brauchst, sondern empfängst.

Jörg Zink

21. November

Weitergehen ins Licht

Glaube ist ein Sprung über den eigenen Unglauben. Er ist das Vertrauen, dass dich einer auffängt, wenn du springst. Glaube ist ein Weitergehen, wenn du keinen Weg siehst. Glaube ist ein Sich-verändern-lassen, auch wenn es schmerzt. Ein Vertrauen darauf, dass etwas wächst in deiner Arbeit nach außen und in deiner Arbeit nach innen. Du wirst dich selbst neu empfangen. Was du gewesen bist und was Gott aus dir machen wird, wird eins sein. Du wirst nicht in Schönheit beginnen und in einer Ungestalt enden, sondern du wirst dein Ziel in deiner eigenen Gestalt erreichen. Dass es so ist, das habe ich im Laufe eines langen Lebens immer wieder erfahren, wenn ich in irgendeiner Weise an der Grenze stand zur anderen Welt. Unser Leben ist keine graue Sackgasse mit nachtschwarzem Ende in der Enge des Nichts. Wir gehen vielmehr aus der Dunkelheit ins Licht, vom Licht ins Dunkel und am Ende ins Licht. Wir werden die sein, die wir wirklich sind. Wir werden neu sein aus den Gedanken Gottes. Wir werden den Sinn unseres Daseins und das Geheimnis der Welt klarer sehen. Und mehr als dies müssen wir, solange wir auf dieser Erde sind, nicht wissen.

Jörg Zink

22. November

Keim des neuen, anderen Menschen

Wenn uns aber der viel zu nahe, der bedrohlich gerechte Gott unsere Wertlosigkeit, unsere Widerstände, die ganze Lüge unseres Lebens bewusst macht, dann werden wir wiederum die Begegnung mit Jesus suchen. Mit dem Barmherzigen, der den Samen des Gottesreiches in uns wirft wie in einen Acker, so dass das ganz Andere in uns Wurzeln zu schlagen beginnt, der Keim des neuen, anderen Menschen aufbricht und der Ertrag unseres Lebens reift. Nicht, dass wir besser werden, ist der Sinn dieses Aufbrechens, sondern dass das andere, unsere wunderbare Bestimmung zum Reich Gottes, unter den barmherzigen Händen des Mannes von Nazaret in uns zu leuchten beginnt. Das ist es, was wir der gefährlichen Gerechtigkeit Gottes entgegenzusetzen haben. Und darin kann das Vertrauen gedeihen, das uns das Leben tragbar macht.

Jörg Zink

23. November

Im Leid

Denn der Mensch in der Nacht der Seele ist nicht nur der Kranke oder Leidende, er ist auch der Schwache an der Seite der Schwachen, der Traurige in der Gemeinschaft mit den Traurigen, der Kranke am Bett der Kranken, der Bedrängte in der gemeinsamen Gefahr mit den Bedrängten. Und vielleicht wird er zum Überwinder für die, die nicht zu überwinden vermögen, ein Liebender in der Verlassenheit der Ungeliebten. »Es kann mancher seine eigenen Ketten nicht brechen und doch anderen ein Erlöser sein«, sagt Nietzsche. Was aber können wir, die Menschen durch die Nacht ihrer Seele begleiten sollen, tun? Wir können ihnen den Christus zeigen, der auf dem Weg durch ihre dunkle Welt ist. Und vielleicht gelingt es dabei dem Schwermütigen, sein Herz an diesem Jesus Christus festzumachen. Sich aufzurichten an ihm. Den dunklen Weg zu gehen, hinter ihm her.

Es geht nicht darum, das Leid rasch zu beseitigen. Es geht um die Kraft, im Leid nicht zu versinken, sondern weiterzugehen. Der zweite Petrusbrief schildert es so:

»Wir sollen auf ihn achten
als auf ein Licht,
das an einem dunklen Ort leuchtet,
bis der Tag anbricht
und der Morgenstern aufgeht
in unseren Herzen.«

Jörg Zink

24. November

Licht aus einem anderen Raum

Und was wird geschehen, wenn wir sterben? Der christliche Glaube sagt: Wir lassen uns durch eine dunkle Tür führen und begegnen dabei einem neuen, andersartigen Licht. Wir nehmen ein neues Bild unserer selbst wahr, betreten einen neuen und anderen Raum und beginnen wohl auch deutlicher zu sehen, wer denn der Gott sei, von dem wir während unseres irdischen Lebens geredet haben. Es wird uns nichts diesseitig werden, das bislang jenseitig war. Es geschieht im Grunde nichts anderes, als was uns schon in diesem Leben bei jeder neuen Erkenntnis widerfahren war: dass die Welt sich um einen neuen Raum erweitert. Es bedeutet gewiss nicht, dass sich uns plötzlich alle Geheimnisse über Gott und die Welt erschließen, sondern vielleicht nur, dass uns mehr und anderes zugänglich wird als auf dieser Erde. Die Grenze zu unserem Jenseits schiebt sich hinaus. Wir bleiben Geschöpfe Gottes mit ihren begrenzten geistigen Kräften. Aber Licht aus einem anderen Raum dringt in uns ein und macht uns die Welt neu durchscheinend für den Sinn, der unserem Dasein eingestiftet ist.

Jörg Zink

25. November

In sich selber Frieden finden

Der archimedische Punkt, von dem aus ich an meinem Orte die Welt bewegen kann, ist die Wandlung meiner selbst; setze ich anstatt seiner zwei archimedische Punkte, den hier in meiner Seele und den dort in der Seele meines mit mir im Konflikt stehenden Mitmenschen, dann entschwindet mir alsbald der eine, auf den sich mir eine Sicht eröffnet hatte.

Rabbi Bunam lehrte: »Unsere Weisen sagen: ›Suche den Frieden an deinem Ort.‹ Man kann den Frieden nirgendwo anders suchen als bei sich selber, bis man ihn da gefunden hat. Es heißt im Psalm: ›Es ist kein Friede in meinem Gebein von meiner Sünde her.‹ Erst wenn der Mensch in sich selber den Frieden gefunden hat, kann er daran gehen, ihn in der ganzen Welt zu suchen.«

Martin Buber

26. November

Gott schauen

Jesus sagt: Ihr seid rein dadurch, dass mein Wort in euch wohnt, oder, anders gesagt: dass ihr in meinem Wort wohnt. Wem Gott diesen klaren Blick verlieh, der schaut ihn heute an seinem Werk. Er schaut auch in seine Zukunft. Er schaut ihn als den Schöpfer der kommenden Welt. Er gewinnt Hoffnung und hat ein Maß, mit dem er eine eigene Zeit misst, ihre Mächte, ihre Pläne und ihr Elend. Wenn er politisch handelt, wird er es anders tun, als Politik sich sonst abspielt. Ihr seid rein, sagt Jesus, um des Wortes willen, das ich zu euch gesagt habe. Das Wort gibt den freien Blick. Also kümmere dich nicht um das Vielerlei, sondern um das eine, das not ist. Sei ein-deutig. Sei einfältig. Du wirst Gott schauen.

Jörg Zink

27. November

Sieg Jesu Christi

Am Totensonntag werden wir an den Gräbern unserer Lieben gefragt: worauf willst auch du einmal sterben? Glauben wir an die Macht des Todes und der Sünde oder glauben wir an die Macht Jesu Christi? Eins von beiden gibt es nur. Als ein Gottesmann des vorigen Jahrhunderts auf dem Sterbebett lag, der in seinem Leben oft den Sieg Jesu Christi gepredigt hatte und wunderbare Dinge in seinem Namen getan hatte, als er in großer Qual und Not lag, da beugte sich sein Sohn an sein Ohr und schrie dem Sterbenden zu: Vater, es wird gesiegt. Wenn über uns dunkle Stunden und wenn die dunkelste Stunde kommt, dann wollen wir die Stimme Jesu Christi hören, die uns ins Ohr ruft: es wird gesiegt. Der Tod ist verschlungen in den Sieg. Sei getrost. Und Gott gebe, dass wir dann sprechen können: ich glaube die Vergebung der Sünden, Auferstehung des Fleisches und ein ewiges Leben. In diesem Glauben wollen wir leben und sterben. Dazu hilft uns das Heilige Abendmahl. Amen.

Dietrich Bonhoeffer

28. November

Einswerden der Seele

Das eine ist das Einswerden der Seele. Das ist nicht etwas, was sich zwischen dem Menschen und Gott, sondern etwas, was sich im Menschen ereignet. Die Kräfte sammeln sich in den Kern ein, alles, was sie abziehn will, wird einbewältigt, das Wesen steht allein in sich selbst und jubiliert, wie Paracelsus sagt, in seiner Exaltation. Das ist der entscheidende Augenblick des Menschen. Ohne ihn ist er zum Werk des Geistes nicht tauglich. Mit ihm: es entscheidet sich in einem Innersten, ob dies Rüste oder Genügen bedeutet.

Martin Buber

29. November

Alles ist Entscheidung

Der Mensch kann, zur Einheit eingesammelt, zur nun erst vollkommen geratenden Begegnung mit dem Geheimnis und Heil ausgehn. Er kann aber auch die Seligkeit der Sammlung auskosten und, ohne sich in die höchste Pflicht zu nehmen, in die Zerstreuung zurückkehren.

Alles auf unserm Weg ist Entscheidung: gemeinte, geahnte, geheime; diese im Innersten ist die urgeheime und an Bestimmung mächtigste.

Martin Buber

30. November

Nichts kann mehr sinnlos sein

Der Mensch empfängt, und er empfängt nicht einen »Inhalt«, sondern eine Gegenwart, eine Gegenwart als Kraft. Diese Gegenwart und Kraft schließt dreierlei ein, ungeschieden, und doch so, dass wir es als drei gesondert betrachten dürfen. Zum ersten die ganze Fülle der wirklichen Gegenseitigkeit, des Aufgenommenwerdens, des Verbundenseins; ohne dass man irgend anzugeben vermöchte, wie das beschaffen sei, womit man verbunden ist, und ohne dass das Verbundensein einem das Leben irgend erleichterte, – es macht das Leben schwerer, aber es macht es sinnschwer. Und das ist das zweite: die unaussprechliche Bestätigung des Sinns. Er ist verbürgt. Nichts, nichts kann mehr sinnlos sein. Die Frage nach dem Sinn des Lebens ist nicht mehr da. Aber wenn sie da wäre, wäre sie nicht etwa zu beantworten. Du weißt den Sinn nicht aufzuzeigen und weißt ihn nicht zu bestimmen, du hast keine Formel und hast kein Bild für ihn, und doch ist er dir gewisser als die Empfindungen deiner Sinne.

Martin Buber

1. Dezember

Zeit des Trostes

Die Advents- und Weihnachtszeit ist eine Zeit des Trostes. Wir können vor Gott auch sagen: Das ist mir nicht gelungen. Da habe ich große Fragen. Ich weiß nicht, wohin ich gehe. Anderen bin ich wieder nicht gerecht geworden. Gegenüber meinen Ansprüchen habe ich versagt. Das soll neu werden. Ich bin einsam. Hilf mir, ich habe Angst. Wenn wir Weihnachten frei machen könnten von allen Verpackungen und Schleifen, unter denen es steckt, dann könnte es für uns eine Befreiung sein. Freiheit bedeutet: frei von allen Fassaden dieser Welt, weil wir uns Gott anvertrauen können.

Margot Käßmann

2. Dezember

Zeit des Wartens

Advent ist eine Zeit des Wartens, der Vorfreude. Das Geschenk, um das es hier geht, auf das wir warten, ist die Zusage: Gott lässt uns nicht allein in der Dunkelheit. Ja, wir können die Dunkelheit ansehen, wir müssen sie nicht ausblenden. Wir dürfen mitwirken bei dem Versuch, Licht in die Dunkelheit scheinen zu lassen. Und wo wir scheitern, da vertrauen wir diese Dunkelheit und unser Leben Gott an. Von diesem Licht reden wir im Advent.

Margot Käßmann

3. Dezember

Licht in der Finsternis

Das ist ja das Erstaunliche, das Wunder, dass Menschen immer wieder Licht sehen konnten in der Finsternis. Gegen alle Realität und Dunkelheit: Das Licht Gottes scheint! All die Lichter, die wir anzünden, sind nur ein kleines Zeichen für Gottes großes Licht, das die Dunkelheit angreift. Wir zünden Lichter an, um aufmerksam zu machen auf Gottes Licht.

Margot Käßmann

4. Dezember

Warten auf Gottes Ankunft

Die Adventszeit bringt viele wunderbare Erinnerungen, Traditionen, heilsame und gute Rituale. Schöne Erinnerungen, aber auch verletzende. Niemanden in unserem Land lässt diese Zeit ganz emotionsfrei. Dabei ist mir klar, dass viel Kitsch und Projektion mit diesem Fest zusammenhängen. Ganz elementar meint es aber: Gott kommt in die Welt und will auch dich treffen, auch mit dir zusammen sein. Wir warten auf Gottes Ankunft und Gott wartet auf uns – mit ausgestreckter Hand.

Margot Käßmann

5. Dezember

Gottes Liebe kommt in die Welt

Wir können mit Vorfreude auf Weihnachten warten. Weil nicht irgendein Kind zur Welt kommt, sondern Gott selbst dieses Kind ist. Gottes Liebe kommt in die Welt. Uns ist ein Kind geboren, ein Sohn ist uns gegeben – so hat es der Prophet Jesaja formuliert. Und das Johannesevangelium kann davon sprechen, dass das Licht in der Finsternis scheint. Ein Licht anzünden, das ist vielleicht das beste Symbol für Freude, für Liebe, für Zuwendung.

Margot Käßmann

6. Dezember

Vorfreude

Mir ist wichtig, dass Weihnachten nicht zu eng gesehen wird, sondern in einen großen Horizont gestellt wird. Ich erfreue mich daran, das Haus vorzubereiten, am Kranz eine Kerze nach der anderen anzuzünden, mit den Kindern den Baum zu schmücken zum Klang des Weihnachtsoratoriums von Johann Sebastian Bach. Ich liebe die Advents- und Weihnachtsrituale. Sie sind Hinweise auf die große Geschichte Gottes mit den Menschen. Dabei wecken wir keine Illusionen, sondern stehen mitten in der Wirklichkeit dieser Welt.

Margot Käßmann

7. Dezember

Traditionen

Die Kindheitserinnerungen an Weihnachten prägen, wir erinnern uns zurück. Als Erwachsene, als Mutter habe ich auch gemerkt, wie sehr wir die Traditionen unserer Kindheit im besten Sinne des Wortes tradieren, weitergeben. Wie wichtig sind diese Traditionen! Was können wir unseren Kindern mitgeben an Ritualen, die lebensbestärkend sind. Und wie traurig, wenn Kindern kein Zugang zu diesen Ritualen eröffnet wird: das Basteln der Strohsterne, das Singen der Lieder, die Engel, die uns daran erinnern, wie die Ankunft dees Kindes vorbereitet wurde.

Margot Käßmann

8. Dezember

Die Botschaft der Engel

Wir sollten unter den Kirschbergen diese wunderbare Festzeit neu entdecken. Die Engel spielen dabei eine zentrale Rolle. Sie sind Gottes Boten, die immer wieder rufen: Fürchte dich nicht! Das hört Maria, das hören die Hirten, das werden später die Frauen am leeren Grabe erfahren. Ja, das ist wohl die zentrale Botschaft Gottes: Fürchte dich nicht!

Margot Käßmann

9. Dezember

Begegnung mit dem Engel

Wie vielen Engeln begegnen wir im Advent! Manche glitzern und blinken, niedlich und auch kitschig. Die Engel, von denen die Bibel spricht, sind andere. Sie stehen für Begegnungen, die ein Leben verändern, die Klarheit bringen und Gottvertrauen. Aufmerksam sollten wir dafür sein. »Es müssen nicht Männer mit Flügeln sein …«

Margot Käßmann

10. Dezember

Neuordnung aller Dinge

Wenn Gott die Maria zum Werkzeug erwählt, wenn Gott selbst in der Krippe von Bethlehem auf diese Welt kommen will, so ist das nicht eine idyllische Familienangelegenheit, sondern es ist der Beginn einer völligen Umkehrung, Neuordnung aller Dinge dieser Erde. Wenn wir an diesem Advents- und Weihnachtsgeschehen teilnehmen wollen, so können wir nicht einfach zuschauerisch wie bei einem Theater daneben stehen und uns an all den freundlichen Bildern freuen, sondern dann werden wir selbst in diese Handlung, die da geschieht, in diese Umkehr aller Dinge mit hineingerissen, da müssen wir mitspielen auf dieser Bühne, da ist der Zuschauer immer schon eine handelnde Person in dem Stück, da können wir uns nicht entziehen.

Was spielen wir denn da mit? Fromme Hirten, die ihre Knie beugen? Könige, die ihre Gaben bringen? Was wird denn da gespielt, wo Maria die Mutter Gottes wird, wo Gott in der Niedrigkeit der Krippe in die Welt kommt? Weltgericht und Welterlösung – das ist es, was hier geschieht; und das Christuskind in der Krippe selbst ist es, das Weltgericht und Welterlösung hält, es stößt die Großen und Gewaltigen zurück, es stürzt die Throne der Machthaber, es demütigt die Hoffärtigen, sein Arm übt Gewalt über alle Hohen und Starken, und es erhebt, was niedrig ist, und macht es groß und herrlich in seiner Barmherzigkeit.

Dietrich Bonhoeffer

11. Dezember

Gott wird Mensch

Gott wird Mensch, wirklicher Mensch. Während wir uns bemühen, über unser Menschsein hinauszuwachsen, den Menschen hinter uns zu lassen, wird Gott Mensch und wir müssen erkennen, dass Gott will, dass auch wir – Menschen, wirkliche Menschen, seien. Während wir unterscheiden zwischen Frommen und Gottlosen, Guten und Bösen, Edlen und Gemeinen, liebt Gott unterschiedslos den wirklichen Menschen.

Dietrich Bonhoeffer

12. Dezember

Gottes Liebe zu den Menschen

Aber es ist nicht genug damit gesagt, dass Gott sich der Menschen annimmt. Dieser Satz ruht auf einem unendlich viel tieferen, in seinem Sinn undurchdringlicheren, nämlich: dass Gott in der Empfängnis und Geburt Jesu Christi die Menschheit leibhaftig angenommen hat. Gott überhebt seine Liebe zu den Menschen jedes Vorwurfs der Unechtheit und des Zweifels und der Ungewissheit, indem er selbst in das Leben der Menschen eingeht als Mensch, indem er Natur, Wesen, Schuld und Leiden des Menschen leibhaftig auf sich nimmt und trägt.

Dietrich Bonhoeffer

13. Dezember

Das Ja Gottes

Aus Liebe zum Menschen wird Gott Mensch. Er sucht sich nicht den vollkommensten Menschen, um sich mit ihm zu verbinden, sondern er nimmt menschliches Wesen an, wie es ist. Jesus Christus ist nicht die Verklärung hohen Menschentums, sondern das Ja Gottes zum wirklichen Menschen, nicht das leidenschaftslose Ja des Richters, sondern das barmherzige Ja des Mitleidenden. In diesem Ja ist das ganze Leben und die ganze Hoffnung der Welt beschlossen. In dem Menschen Jesus Christus ist das Urteil über die ganze Menschheit ergangen, wiederum nicht das teilnahmslose Urteil des Richters, sondern das barmherzige Urteil dessen, der das Geschick der ganzen Menschheit selbst durchleidet und trägt.

Dietrich Bonhoeffer

14. Dezember

Christus steht vor der Tür

Jesus steht vor der Tür und klopft an, ganz in Wirklichkeit, er bittet dich in Gestalt des Bettlers, des verkommenen Menschenkindes in den verlumpten Kleidern um Hilfe, er tritt dir gegenüber in jedem Menschen, der dir begegnet. Christus wandelt auf der Erde solange es Menschen gibt, als dein Nächster, als der durch den Gott dich anruft, anspricht, Ansprüche stellt. Das ist der größte Ernst und die größte Seligkeit der Adventsbotschaft. Christus steht vor der Tür, er lebt in Gestalt des Menschen unter uns, willst du ihm die Tür verschließen oder öffnen?

Dietrich Bonhoeffer

15. Dezember

Sinn des Kommens Christi

Sonderbar mag es uns vorkommen, in so nahem Antlitz Christus zu sehen, aber er hat's gesagt, wer sich diesem Wirklichkeitsernst der Adventsbotschaft entzieht, kann auch vom Kommen Christi in sein Herz nicht reden. Wer nicht aus dem Kommen Christi lernt, dass wir alle Brüder sind durch Christus, durch Gott, der hat vom Sinn des Kommens nichts verstanden.

Dietrich Bonhoeffer

16. Dezember

Warten können

Advent feiern heißt warten können; Warten ist eine Kunst, die unsere ungeduldige Zeit vergessen hat. Sie will die reife Frucht brechen, wenn sie kaum den Sprössling setzte; aber die gierigen Augen werden nur allzuoft betrogen, indem die scheinbar so köstliche Frucht von innen noch grün ist, und respektlose Hände werfen undankbar beiseite, was ihnen so Enttäuschung brachte. Wer nicht die herbe Seligkeit des Wartens, das heißt des Entbehrens in Hoffnung, kennt, der wird nie den ganzen Segen der Erfüllung erfahren.

Dietrich Bonhoeffer

17. Dezember

Freu dich!

Freilich warten kann nicht jeder: nicht der gesättigte, zufriedene und nicht der respektlose. Warten können nur Menschen, die eine Unruhe mit sich herumtragen, und Menschen, die zu dem Größten in der Welt in Ehrfurcht aufblicken. So könnte Advent nur der feiern, dessen Seele ihm keine Ruhe lässt, der sich arm und unvollkommen weiß und der etwas ahnt von der Größe dessen, was da kommen soll, vor dem es nur gilt, sich in demütiger Scheu zu beugen, wartend bis er sich zu uns neigt – der Heilige selbst, Gott im Kind in der Krippe. Gott kommt, der Herr Jesus kommt, Weihnachten kommt, freu dich, o Christenheit!

Dietrich Bonhoeffer

18. Dezember

Nahe der Niedrigkeit

Gott schämt sich der Niedrigkeit des Menschen nicht, er geht mitten hinein, er wählt einen Menschen zu seinem Werkzeug und tut seine Wunder dort, wo man sie am wenigsten erwartet. Gott ist nahe der Niedrigkeit, er liebt das Verlorene, das Unbeachtete, Unansehnliche, das Ausgestoßene, das Schwache und Zerbrochene, wo die Menschen sagen: verloren, da sagt er: gefunden, wo die Menschen sagen »gerichtet«, da sagt er »gerettet«, wo die Menschen sagen: Nein!, da sagt er: Ja!

Dietrich Bonhoeffer

19. Dezember

Bei Gott wohnt die Freude

Bei Gott wohnt die Freude und von ihm kommt sie herab und ergreift Geist, Seele und Leib, und wo diese Freude einen Menschen gefasst hat, dort greift sie um sich, dort reißt sie mit, dort sprengt sie verschlossene Türen. Es gibt eine Freude, die von Schmerz, Not und Angst des Herzens gar nichts weiß; sie hat keinen Bestand, sie kann nur für Augenblicke betäuben. Die Freude Gottes ist durch die Armut der Krippe und die Not des Kreuzes gegangen; darum ist sie unüberwindlich, unwiderleglich.

Dietrich Bonhoeffer

20. Dezember

Über alles Begreifen

Von der Geburt eines Kindes ist die Rede, nicht von der umwälzenden Tat eines starken Mannes, nicht von der kühnen Entdeckung eines Weisen, nicht von dem frommen Werk eines Heiligen. Es geht wirklich über alles Begreifen: Die Geburt eines Kindes soll die große Wendung aller Dinge herbeiführen, soll der ganzen Menschheit Heil und Erlösung bringen. Worum sich Könige und Staatsmänner, Philosophen und Künstler, Religionsstifter und Sittenlehrer vergeblich bemühen, das geschieht nun durch ein neugeborenes Kind.

Dietrich Bonhoeffer

21. Dezember

Geheimnis der Erlösung

Wie zur Beschämung der gewaltigsten menschlichen Anstrengungen und Leistungen wird hier ein Kind in den Mittelpunkt der Weltgeschichte gestellt. Ein Kind von Menschen geboren, ein Sohn von Gott gegeben. Das ist das Geheimnis der Erlösung der Welt, alles Vergangene und alles Zukünftige ist hier umschlossen. Die unendliche Barmherzigkeit des allmächtigen Gottes kommt zu uns, lässt sich zu uns herab in der Gestalt eines Kindes, seines Sohnes. Dass *uns* dieses Kind geboren, dieser Sohn gegeben ist, dass *mir* dieses Menschenkind, dieser Gottessohn zugehört, dass ich ihn kenne, ihn habe, ihn liebe, dass ich sein bin und er mein ist, daran allein hängt nun mein Leben. Ein Kind hat unser Leben in der Hand.

Dietrich Bonhoeffer

22. Dezember

Erfüllung

Wie wollen wir diesem Kinde begegnen? Sind unsere Hände durch die tägliche Arbeit, die sie vollbrachten, zu hart und zu stolz geworden, um sich beim Anblick dieses Kindes anbetend zu falten? Tragen wir unseren Kopf, der so viele schwere Gedanken hat denken, Probleme hat lösen müssen, zu hoch, als dass wir ihn vor dem Wunder dieses Kindes noch demütig beugen könnten? Können wir alle unsere Anstrengungen, Leistungen, Wichtigkeiten noch einmal ganz vergessen, um mit den Schafhirten und mit den Weisen aus dem Morgenland vor dem göttlichen Kind in der Krippe kindlich anzubeten; um mit dem alten Simeon das Kind in die Arme zu nehmen und in diesem Augenblick die Erfüllung unseres ganzen Lebens dankbar zu erkennen?

Dietrich Bonhoeffer

23. Dezember

Frieden

Weihnachten ist kein romantisches Wohlfühlfest. Maria und Josef waren, so erzählt es Lukas, in schwieriger Lage, fern der Heimat, es folgt die Flucht nach Ägypten. Die Hirten auf dem Felde wären heute wohl so genannte Billiglohnarbeiter. Und die Weisen aus dem Morgenland – na, so manchem wäre heute mulmig, wenn Fremde aus dem Orient vor der Tür stehen! Unsere Welt ist und bleibt heillos. Jesus wird auch der Heiland genannt, weil er eben ein Zeichen gesetzt hat, dass nichts bleiben muss, wie es ist. Ja sicher, Frieden im umfassenden Sinne wird es erst in Gottes Zukunft geben. Aber schon heute kann von dieser Friedensvision etwas sichtbar werden.

Margot Käßmann

24. Dezember

Das Geschenk der Liebe

Mir ist wichtig, immer wieder deutlich zu machen: ohne Christus kein Christkind und kein Christfest! Weihnachten ist ein Fest des christlichen Glaubens. Wir feiern die Geburt des Kindes, das als Mann am Kreuz starb, der, wie wir glauben, auferstand und der uns durch den Heiligen Geist Kraft und Beistand gibt in unserem Leben.

Das ist die Botschaft von Weihnachten. Es geht darum, dass uns ein Kind geboren ist. Das ist das Geschenk der Liebe, um das sich Weihnachten dreht, und das kann kein gekauftes Geschenk je aufwiegen. Und durch dieses Kind finden wir Gott.

Margot Käßmann

25. Dezember

Weihnachten umgreift die Welt

Weihnachten umgreift die Welt. Um den Globus hält die Welt still und feiert die Ankunft Gottes. Mir ist bewusst: Es gibt andere Religionen und Kulturkreise, in denen Weihnachten nur für wenige Bedeutung hat, es gibt Kriege, die nicht unterbrochen werden am Heiligen Abend. Aber ich bin überzeugt, die Ankunft dieses Kindes ist weltweit spürbar. Sie zieht uns in eine weltweite Gemeinschaft, die nach Verantwortung schreit, nach Gerechtigkeit, nach Frieden.

Margot Käßmann

26. Dezember

Gott wird Mensch

Gott lebt nicht in sich verschlossen. Er ist allem, was ist, gegenüber offen. Er ist überall. Soweit irgendetwas ist, ist Gott, und er ist darüber hinaus. Er ist grenzenlos. Er ist nicht der Vertreter einer Welt des Lichts, der gegenüber eine von einer anderen Macht beherrschte Wirklichkeit des Dunklen wäre. Er steht für alles. Er durchdringt alles. Er umfasst alles. Das ist das eine.

Gott ist auch nicht der, der in einer menschenfernen Höhe zu denken wäre. Er ist nicht der Erhabene allein, der Heilige, der Gott im Abstand. Nein. Gott steigt ab bis in unsere Niederungen. Er tut sich kund. Er wird Mensch. Er neigt sich aus seiner unendlichen Höhe herab. Er geht in die Welt ein, in die Geschichte, in die Situation, ja in das Herz, die Seele und den Geist von Menschen. Er wird zur menschlichen Stimme, zum Tun eines Menschen, auch zum Entbehren, Sichängsten, Leiden und Sterben eines Menschen. Er senkt seine Kraft und Lebendigkeit in die Tiefen einer vom Tod bedrohten Welt ein. Das ist das andere.

Jörg Zink

27. Dezember

Heilige Zeiten

Dass es heilige Zeiten gibt, verstehen wir rasch, wenn wir der Zeit überhaupt nachdenken. Eine erste Bewandtnis hat für uns ja die Zeit als der gleichförmige und einsinnige Ablauf von Jahren oder Jahrmillionen. Eine zweite hat sie als Zeitrhythmus, wie für die Bibel die Zeit in Äonen geteilt ist, die eintreten und zu Ende gehen und sich überlappen können. Eine dritte Bewandtnis hat es mit der Zeit darin, dass ein dichter Zusammenhang besteht zwischen dem Uranfang, dem jetzigen Augenblick und dem Ziel der Zeit. Für das religiöse Bewusstsein wird der lineare Ablauf der Zeit dadurch erträglich, dass es ihm den Rückgriff gestattet auf das Uranfängliche. Diesen Rückgriff feiern wir als Fest.

Jörg Zink

28. Dezember

Zeit und Ewigkeit

So greift Weihnachten zurück in die Zeit, als ein Äon zu Ende ging, also eine Zeit »erfüllt« war, und reaktiviert den Anfang eines neuen Äons. Es feiert die Gleichzeitigkeit der Geburt Jesu und der Geburt des neuen Menschen in uns Heutigen. Ostern greift zurück in das Urereignis der Auferstehung und feiert eben damit die Hoffnung auf unsere eigene Auferstehung. Das Passah greift zurück auf das Urereignis der Befreiung und schafft Hoffnung auf künftige Freiheit. Ähnliches geschieht in jedem Fest. Auch beim eigenen »Geburtstag«. Und es geht in jedem Fest so, dass ein Wort hörbar wird, das erzählt, wie aus der Unterbrechung und Umkehrung der Zeit eine heilige Zeit, ein Fest, wird. Mit dem Anknüpfen an das Anfängliche erscheint vor unseren Augen zugleich das Ziel. Auch das Ziel einer Gemeinschaft von heute. Es erscheint im Fest auch die Gegenwart der Ewigkeit. Denn Ewigkeit heißt ja nicht ewige Dauer der Zeit. Ewigkeit meint vielmehr die Zeitstille. So kann es uns auch hier und heute geschehen, dass die Zeit gleichsam ausklinkt. Es kann schwierig sein, nach einer Zeit der Kontemplation zu sagen, wie lange diese gedauert habe.

Zu einer wirklichen Gotteserfahrung kann das bloße Verweilen in einem heiligen Raum werden. Zur Erfahrung von Gottes Nähe, seiner Anwesenheit. So, dass ich empfinde: Er ist da. Ich bin von ihm erfasst und getragen. Und ich selbst bin anwesend in ihm.

Jörg Zink

29. Dezember

Unergründliche Liebe Gottes

Den wirklichen Menschen kennen und ihn nicht verachten, das ist allein durch die Menschwerdung Gottes möglich. Der wirkliche Mensch darf vor Gott leben und wir dürfen den wirklichen Menschen neben uns vor Gott leben lassen ohne ihn zu verachten oder zu vergöttern. Nicht als wäre der wirkliche Mensch ein Wert für sich, sondern allein darum weil Gott den wirklichen Menschen geliebt und angenommen hat. Der Grund der Liebe Gottes zum Menschen liegt nicht im Menschen, sondern allein in Gott selbst. Der Grund aus dem wir als wirkliche Menschen leben dürfen und den wirklichen Menschen neben uns lieben dürfen, liegt wiederum allein in der Menschwerdung Gottes, in der unergründlichen Liebe Gottes zum Menschen.

Dietrich Bonhoeffer

30. Dezember

Das Walten Gottes in der Geschichte

Ich glaube, dass Gott aus allem, auch aus dem Bösesten, Gutes entstehen lassen kann und will. Dafür braucht er Menschen, die sich alle Dinge zum Besten dienen lassen.

Ich glaube, dass Gott uns in jeder Notlage soviel Widerstandkraft geben will, wie wir brauchen. Aber er gibt sie nicht im voraus, damit wir uns nicht auf uns selbst, sondern allein auf ihn verlassen. In solchem Glauben müsste alle Angst vor der Zukunft überwunden sein.

Ich glaube, dass auch unsere Fehler und Irrtümer nicht vergeblich sind, und dass es Gott nicht schwerer ist mit ihnen fertig zu werden, als mit unseren vermeintlichen Guttaten. Ich glaube, dass Gott kein zeitloses Fatum ist, sondern dass er auf aufrichtige Gebete und verantwortliche Taten wartet und antwortet.

Dietrich Bonhoeffer

31. Dezember

Von guten Mächten

Von guten Mächten treu und still umgeben
behütet und getröstet wunderbar, –
so will ich diese Tage mit euch leben
und mit euch gehen in ein neues Jahr;

noch will das alte unsre Herzen quälen
noch drückt uns böser Tage schwere Last.
Ach Herr, gib unsern aufgeschreckten Seelen
das Heil, für das Du uns geschaffen hast.

Und reichst Du uns den schweren Kelch, den bittern,
des Leids, gefüllt bis an den höchsten Rand,
so nehmen wir ihn dankbar ohne Zittern,
aus Deiner guten und geliebten Hand.

Doch willst Du uns noch einmal Freude schenken
an dieser Welt und ihrer Sonne Glanz,
dann woll'n wir des Vergangenen gedenken,
und dann gehört Dir unser Leben ganz.

Lass warm und hell die Kerzen heute flammen
die Du in unsre Dunkelheit gebracht,
führ, wenn es sein kann, wieder uns zusammen!
Wir wissen es, Dein Licht scheint in der Nacht.

Wenn sich die Stille nun tief um uns breitet
so lass uns hören jenen vollen Klang
der Welt, die unsichtbar sich um uns weitet,
all Deiner Kinder hohen Lobgesang.

Von guten Mächten wunderbar geborgen
erwarten wir getrost, was kommen mag.
Gott ist bei uns am Abend und am Morgen,
und ganz gewiss an jedem neuen Tag.

Dietrich Bonhoeffer

Quellenverzeichnis

1. Januar	Dietrich Bonhoeffer, DBW 6, 81
2. Januar	Dietrich Bonhoeffer, DBW 6, 81f.
3. Januar	Janusz Korczak, Sämtliche Werke Bd. 6, S. 340
4. Januar	Dietrich Bonhoeffer, DBW 15, 499f.
5. Januar	Dietrich Bonhoeffer, DBW 15, 499f.
6. Januar	Dietrich Bonhoeffer, DBW 15, 501
7. Januar	Dietrich Bonhoeffer, DBW 8, 36
8. Januar	Dietrich Bonhoeffer, DBW 5, 37
9. Januar	Dietrich Bonhoeffer, DBW 5, 38
10. Januar	Dietrich Bonhoeffer, DBW 8, 204f.
11. Januar	Dietrich Bonhoeffer, DBW 8, 205
12. Januar	Dietrich Bonhoeffer, DBW 8, 205
13. Januar	Dietrich Bonhoeffer, DBW 8, 205f.
14. Januar	Dietrich Bonhoeffer, DBW 8, 206
15. Januar	Dietrich Bonhoeffer, DBW 8, 207
16. Januar	Jörg Zink, Glauben heißt vertrauen, S. 9
17. Januar	Jörg Zink, Glauben heißt vertrauen, S. 10
18. Januar	Martin Buber, Der Weg des Menschen. Der besondere Weg, S. 16
19. Januar	Martin Buber, Der Weg des Menschen. Der besondere Weg, S. 16f.
20. Januar	Martin Buber, Der Weg des Menschen. Der besondere Weg, S. 17f.
21. Januar	Martin Buber, Der Weg des Menschen. Der besondere Weg, S. 18f.
22. Januar	Martin Buber, Der Weg des Menschen. Der besondere Weg, S. 19
23. Januar	Martin Buber, Der Weg des Menschen. Der besondere Weg, S. 19f.
24. Januar	Dietrich Bonhoeffer, DBW 16, 657f.
25. Januar	Dietrich Bonhoeffer, DBW 8, 432
26. Januar	Dietrich Bonhoeffer, DBW 8, 432
27. Januar	Dietrich Bonhoeffer, DBW 8, 570f.
28. Januar	Dietrich Bonhoeffer, DBW 8, 571
29. Januar	Dietrich Bonhoeffer, DBW 8, 571
30. Januar	Dietrich Bonhoeffer, DBW 8, 571f.
31. Januar	Martin Buber, Der Weg des Menschen. Hier wo man steht, S. 51
1. Februar	Martin Buber, Der Weg des Menschen. Hier wo man steht, S. 51f.
2. Februar	Martin Buber, Der Weg des Menschen. Hier wo man steht, S. 52
3. Februar	Martin Buber, Der Weg des Menschen. Hier wo man steht, S. 52f.
4. Februar	Martin Buber, Der Weg des Menschen. Hier wo man steht, S. 53
5. Februar	Janusz Korczak, Sämtliche Werke, Bd. 6, S. 317
6. Februar	Janusz Korczak, Sämtliche Werke, Bd. 6, S. 317
7. Februar	Janusz Korczak, Sämtliche Werke, Bd. 6, S. 317
8. Februar	Janusz Korczak, Sämtliche Werke, Bd. 6, S. 313
9. Februar	Janusz Korczak, Sämtliche Werke, Bd. 6, S. 313

10. Februar	Janusz Korczak, Sämtliche Werke, Bd. 6, S. 336
11. Februar	Dietrich Bonhoeffer, DBW 6, 154
12. Februar	Dietrich Bonhoeffer, DBW 6, 154f.
13. Februar	Dietrich Bonhoeffer, DBW 6, 155
14. Februar	Margot Käßmann, Was im Leben trägt, o. S.
15. Februar	Jörg Zink, Wer glaubt, kann vertrauen, S. 11
16. Februar	Margot Käßmann, Mit Herzen, Mund und Händen, S. 143f.
17. Februar	Margot Käßmann, Mit Herzen, Mund und Händen, S. 167
18. Februar	Anselm Grün, Von Wahrheit und Wahrhaftigkeit, S. 13
19. Februar	Anselm Grün, Von Wahrheit und Wahrhaftigkeit, S. 31
20. Februar	Anselm Grün, Von Wahrheit und Wahrhaftigkeit, S. 31
21. Februar	Jörg Zink, Wer glaubt, kann vertrauen, S. 91
22. Februar	Jörg Zink, Wer glaubt, kann vertrauen, S. 91f.
23. Februar	Jörg Zink, Wer glaubt, kann vertrauen, S. 92f.
24. Februar	Jörg Zink, Wer glaubt, kann vertrauen, S. 93
25. Februar	Jörg Zink, Wer glaubt, kann vertrauen, S. 93f.
26. Februar	Jörg Zink, Wer glaubt, kann vertrauen, S. 94
27. Februar	Jörg Zink, Gotteswahrnehmung, S. 331
28. Februar	Jörg Zink, Gotteswahrnehmung, S. 334f.
29. Februar	Jörg Zink, Gotteswahrnehmung, S. 337f.
1. März	Jörg Zink, Gotteswahrnehmung, S. 342
2. März	Jörg Zink, Wer glaubt, kann vertrauen, S. 21
3. März	Jörg Zink, Ruf in die Freiheit, S. 72
4. März	Jörg Zink, Ruf in die Freiheit, S. 79f.
5. März	Jörg Zink, Ruf in die Freiheit, S. 85
6. März	Jörg Zink, Ruf in die Freiheit, S. 85
7. März	Jörg Zink, Wer glaubt, kann vertrauen, S. 16f.
8. März	Dietrich Bonhoeffer, DBW 6, 77
9. März	Dietrich Bonhoeffer, DBW 6, 77f.
10. März	Dietrich Bonhoeffer, DBW 8, 34
11. März	Dietrich Bonhoeffer, DBW 8, 34
12. März	Dietrich Bonhoeffer, DBW 8, 35
13. März	Margot Käßmann, Mit Herzen, Mund und Händen, S. 36f.
14. März	Jörg Zink, Wer glaubt, kann vertrauen, S. 105f.
15. März	Jörg Zink, Wer glaubt, kann vertrauen, S. 45
16. März	Jörg Zink, Wer glaubt, kann vertrauen, S. 45
17. März	Jörg Zink, Gotteswahrnehmung, S. 145
18. März	Jörg Zink, Gotteswahrnehmung, S. 147
19. März	Jörg Zink, Gotteswahrnehmung, S. 147
20. März	Jörg Zink, Glauben heißt vertrauen, S. 25
21. März	Jörg Zink, Wer glaubt, kann vertrauen, S. 96f.
22. März	Jörg Zink, Wer glaubt, kann vertrauen, S. 97
23. März	Jörg Zink, Wer glaubt, kann vertrauen, S. 97
24. März	Jörg Zink, Wer glaubt, kann vertrauen, S. 98
25. März	Jörg Zink, Wer glaubt, kann vertrauen, S. 98
26. März	Jörg Zink, Wer glaubt, kann vertrauen, S. 98

27. März	Jörg Zink, Wer glaubt, kann vertrauen, S. 98f.
28. März	Jörg Zink, Wer glaubt, kann vertrauen, S. 99
29. März	Jörg Zink, Wer glaubt, kann vertrauen, S. 99f.
30. März	Jörg Zink, Wer glaubt, kann vertrauen, S. 100
31. März	Jörg Zink, Wer glaubt, kann vertrauen, S. 100
1. April	Jörg Zink, Wer glaubt, kann vertrauen, S. 101
2. April	Jörg Zink, Wer glaubt, kann vertrauen, S. 101f.
3. April	Jörg Zink, Wer glaubt, kann vertrauen, S. 103
4. April	Jörg Zink, Wer glaubt, kann vertrauen, S. 103
5. April	Jörg Zink, Wer glaubt, kann vertrauen, S. 104
6. April	Margot Käßmann, Was im Leben trägt, o. S.
7. April	Jörg Zink, Wer glaubt, kann vertrauen, S. 107
8. April	Jörg Zink, Wer glaubt, kann vertrauen, S. 107f.
9. April	Jörg Zink, Wer glaubt, kann vertrauen, S. 118
10. April	Jörg Zink, Wer glaubt, kann vertrauen, S. 119
11. April	Dietrich Bonhoeffer, DBW 15, S. 489
12. April	Dietrich Bonhoeffer, DBW 15, S. 489
13. April	Dietrich Bonhoeffer, DBW 6, 82f.
14. April	Dietrich Bonhoeffer, DBW 6, 83f.
15. April	Dietrich Bonhoeffer, DBW 6, 84
16. April	Dietrich Bonhoeffer, DBW 6, 125
17. April	Dietrich Bonhoeffer, DBW 6, 148f.
18. April	Dietrich Bonhoeffer, DBW 6, 150
19. April	Dietrich Bonhoeffer, DBW 6, 150
20. April	Dietrich Bonhoeffer, DBW 6, 151
21. April	Jörg Zink, Wer glaubt, kann vertrauen, S. 17
22. April	Jörg Zink, Wer glaubt, kann vertrauen, S. 17f.
23. April	Margot Käßmann, Mit Herzen, Mund und Händen, S. 123f.
24. April	Dietrich Bonhoeffer, DBW 6, 405
25. April	Dietrich Bonhoeffer, DBW 6, 405f.
26. April	Dietrich Bonhoeffer, DBW 6, 406
27. April	Dietrich Bonhoeffer, DBW 5, 102
28. April	Anselm Grün, Von Wahrheit und Wahrhaftigkeit, S. 35f.
29. April	Anselm Grün, Von Wahrheit und Wahrhaftigkeit, S. 17f.
30. April	Margot Käßmann, Mit Herzen, Mund und Händen, S. 146
1. Mai	Dietrich Bonhoeffer, DBW 16, 670
2. Mai	Karl Josef Wallner, Licht einer stillen Welt, S. 18
3. Mai	Margot Käßmann, Was im Leben trägt, o. S.
4. Mai	Jörg Zink, Gotteswahrnehmung, S. 117
5. Mai	Jörg Zink, Gotteswahrnehmung, S. 117
6. Mai	Margot Käßmann, Mit Herzen, Mund und Händen, S. 49
7. Mai	Dietrich Bonhoeffer, DBW 5, 39f.
8. Mai	Janusz Korczak, Sämtliche Werke, Bd. 3, Seite 79
9. Mai	Margot Käßmann, Mit Herzen, Mund und Händen, S. 45f.
10. Mai	Margot Käßmann, Mit Herzen, Mund und Händen, S. 41

11. Mai	Margot Käßmann, Mit Herzen, Mund und Händen, S. 41f.
12. Mai	Margot Käßmann, Mit Herzen, Mund und Händen, S. 43f.
13. Mai	Margot Käßmann, Was im Leben trägt, o. S.
14. Mai	Jörg Zink, Glauben heißt vertrauen, S. 37
15. Mai	Jörg Zink, Wer glaubt, kann vertrauen, S. 38f.
16. Mai	Jörg Zink, Wer glaubt, kann vertrauen, S. 39
17. Mai	Jörg Zink, Wer glaubt, kann vertrauen, S. 40f.
18. Mai	Jörg Zink, Gotteswahrnehmung, S. 314f.
19. Mai	Jörg Zink, Gotteswahrnehmung, S. 316
20. Mai	Jörg Zink, Gotteswahrnehmung, S. 316
21. Mai	Jörg Zink, Gotteswahrnehmung, S. 319f.
22. Mai	Jörg Zink, Glauben heißt vertrauen, S. 59
23. Mai	Margot Käßmann, Was im Leben trägt, o. S.
24. Mai	Margot Käßmann, Was im Leben trägt, o. S.
25. Mai	Margot Käßmann, Was im Leben trägt, o. S.
26. Mai	Margot Käßmann, Was im Leben trägt, o. S.
27. Mai	Margot Käßmann, Mit Herzen, Mund und Händen, S. 31
28. Mai	Margot Käßmann, Mit Herzen, Mund und Händen, S. 33
29. Mai	Margot Käßmann, Mit Herzen, Mund und Händen, S. 34f.
30. Mai	Jörg Zink, Gotteswahrnehmung, S. 238
31. Mai	Jörg Zink, Gotteswahrnehmung, S. 108
1. Juni	Jörg Zink, Gotteswahrnehmung, S. 303
2. Juni	Margot Käßmann, Mit Herzen, Mund und Händen, S. 27
3. Juni	Jörg Zink, Gotteswahrnehmung, S. 165
4. Juni	Jörg Zink, Gotteswahrnehmung, S. 165
5. Juni	Margot Käßmann, Mit Herzen, Mund und Händen, S. 9
6. Juni	Jörg Zink, Wer glaubt, kann vertrauen, S. 76
7. Juni	Jörg Zink, Wer glaubt, kann vertrauen, S. 85
8. Juni	Dietrich Bonhoeffer, DBW 5, 23
9. Juni	Dietrich Bonhoeffer, DBW 5, 23
10. Juni	Jörg Zink, Gotteswahrnehmung, S. 119f.
11. Juni	Jörg Zink, Gotteswahrnehmung, S. 118
12. Juni	Jörg Zink, Gotteswahrnehmung, S. 236
13. Juni	Dietrich Bonhoeffer, DBW 6, 48f.
14. Juni	Dietrich Bonhoeffer, DBW 6, 49
15. Juni	Dietrich Bonhoeffer, DBW 6, 49f.
16. Juni	Dietrich Bonhoeffer, DBW 6, 399f.
17. Juni	Dietrich Bonhoeffer, DBW 6, 400
18. Juni	Dietrich Bonhoeffer, DBW 6, 400
19. Juni	Dietrich Bonhoeffer, DBW 6, 401
20. Juni	Dietrich Bonhoeffer, DBW 6, 401f.
21. Juni	Jörg Zink, Gotteswahrnehmung, S. 111
22. Juni	Jörg Zink, Gotteswahrnehmung, S. 111
23. Juni	Jörg Zink, Gotteswahrnehmung, S. 116
24. Juni	Dietrich Bonhoeffer, DBW 5, 25
25. Juni	Dietrich Bonhoeffer, DBW 5, 26

26. Juni	Dietrich Bonhoeffer, DBW 5, 26f.
27. Juni	Dietrich Bonhoeffer, DBW 5, 27
28. Juni	Dietrich Bonhoeffer, DBW 5, 32
29. Juni	Dietrich Bonhoeffer, DBW 5, 32f.
30. Juni	Dietrich Bonhoeffer, DBW 5, 34
1. Juli	Dietrich Bonhoeffer, DBW 5, 34
2. Juli	Odilo Lechner, aus: Lechner/Langer (Hg.), Mystik für Christen. Ein Jahreslesebuch, 19. November
3. Juli	Janusz Korczak, Sämtliche Werke, Bd. 5, S. 53
4. Juli	Janusz Korczak, Sämtliche Werke, Bd. 5, S. 54
5. Juli	Janusz Korczak, Sämtliche Werke, Bd. 5, S. 54
6. Juli	Janusz Korczak, Sämtliche Werke, Bd. 5, S. 55
7. Juli	Janusz Korczak, Sämtliche Werke, Bd. 5, S. 62
8. Juli	Janusz Korczak, Sämtliche Werke, Bd. 5, S. 62
9. Juli	Janusz Korczak, Sämtliche Werke, Bd. 5, S. 62
10. Juli	Janusz Korczak, Sämtliche Werke, Bd. 5, S. 63
11. Juli	Janusz Korczak, Sämtliche Werke, Bd. 5, S. 63
12. Juli	Janusz Korczak, Sämtliche Werke, Bd. 5, S. 63
13. Juli	Odilo Lechner, aus: Lechner/Langer, Mystik für Christen. Ein Jahreslesebuch, 4. Januar
14. Juli	Margot Käßmann, Mit Herzen, Mund und Händen, S. 156f.
15. Juli	Jörg Zink, Wer glaubt, kann vertrauen, S. 24
16. Juli	Margot Käßmann, Wurzeln, die uns Flügel schenken, S. 41
17. Juli	Janusz Korczak, Das Recht des Kindes auf Achtung, S. 33
18. Juli	Janusz Korczak, Das Recht des Kindes auf Achtung, S. 35f.
19. Juli	Janusz Korczak, Das Recht des Kindes auf Achtung, S. 43
20. Juli	Margot Käßmann, Mit Herzen, Mund und Händen, S. 59
21. Juli	Margot Käßmann, Mit Herzen, Mund und Händen, S. 60
22. Juli	Anselm Grün, Von Wahrheit und Wahrhaftigkeit, S. 44f.
23. Juli	Janusz Korczak, Sämtliche Werke, Bd. 6, S. 349
24. Juli	Margot Käßmann, Mit Herzen, Mund und Händen, S. 173f.
25. Juli	Margot Käßmann, Mit Herzen, Mund und Händen, S. 174f.
26. Juli	Odilo Lechner, aus: Lechner/Langer (Hg.), Mystik für Christen. Ein Jahreslesebuch, 18. Januar
27. Juli	Karl Josef Wallner, Licht einer stillen Welt, S. 20
28. Juli	Karl Josef Wallner, Licht einer stillen Welt, S. 20
29. Juli	Margot Käßmann, Mit Herzen, Mund und Händen, S. 163
30. Juli	Karl Josef Wallner, Licht einer stillen Welt, S. 25
31. Juli	Karl Josef Wallner, Licht einer stillen Welt, S. 33
1. August	Jörg Zink, Ufergedanken, S. 126f.
2. August	Jörg Zink, Gotteswahrnehmung, S. 204
3. August	Margot Käßmann, Wurzeln, die uns Flügel schenken, S. 43
4. August	Martin Buber, Der Weg des Menschen. Hier wo man steht, S. 56f.
5. August	Margot Käßmann, Mit Herzen, Mund und Händen, S. 152
6. August	Anselm Grün, Im Menschen lebt eine Sehnsucht, o. S.

7. August	Anselm Grün, Im Menschen lebt eine Sehnsucht, o. S.
8. August	Anselm Grün, Im Menschen lebt eine Sehnsucht, o. S.
9. August	Anselm Grün, Im Menschen lebt eine Sehnsucht, o. S.
10. August	Anselm Grün, Im Menschen lebt eine Sehnsucht, o. S.
11. August	Anselm Grün, Im Menschen lebt eine Sehnsucht, o. S.
12. August	Karl Josef Wallner, Licht einer stillen Welt, S. 7
13. August	Dietrich Bonhoeffer, DBW 16, 670f.
14. August	Dietrich Bonhoeffer, DBW 16, 671
15. August	Dietrich Bonhoeffer, DBW 16, 672
16. August	Martin Buber, Das dialogische Prinzip. Ich und Du, S. 80
17. August	Martin Buber, Das dialogische Prinzip. Ich und Du, S. 80
18. August	Martin Buber, Das dialogische Prinzip. Ich und Du, S. 83f.
19. August	Martin Buber, Das dialogische Prinzip. Ich und Du, S. 101
20. August	Martin Buber, Das dialogische Prinzip. Ich und Du, S. 108
21. August	Martin Buber, Das dialogische Prinzip. Ich und Du, S. 108f.
22. August	Martin Buber, Der Weg des Menschen nach der chassidischen Lehre, S. 31f.
23. August	Karl Josef Wallner, Licht einer stillen Welt, S. 9
24. August	Odilo Lechner, aus: Lechner/Langer (Hg.), Mystik für Christen. Ein Jahreslesebuch, 3. Dezember
25. August	Margot Käßmann, Mit Herzen, Mund und Händen, S. 151
26. August	Karl Josef Wallner, Licht einer stillen Welt, S. 10
27. August	Karl Josef Wallner, Licht einer stillen Welt, S. 18
28. August	Margot Käßmann, Auf den Flügeln der Hoffnung, o. S.
29. August	Jörg Zink, Ruf in die Freiheit, S. 95
30. August	Jörg Zink, Ruf in die Freiheit, S. 95
31. August	Jörg Zink, Ruf in die Freiheit, S. 150f.

1. September	Margot Käßmann, Mit Herzen, Mund und Händen, S. 136f.
2. September	Jörg Zink, Gotteswahrnehmung, S. 311
3. September	Jörg Zink, Gotteswahrnehmung, S. 311
4. September	Jörg Zink, Wer glaubt, kann vertrauen, S. 58
5. September	Jörg Zink, Wer glaubt, kann vertrauen, S. 65f.
6. September	Jörg Zink, Wer glaubt, kann vertrauen, S. 67
7. September	Jörg Zink, Wer glaubt, kann vertrauen, S. 75
8. September	Jörg Zink, Wer glaubt, kann vertrauen, S. 76
9. September	Jörg Zink, Gotteswahrnehmung, S. 109f.
10. September	Jörg Zink, Gotteswahrnehmung, S. 110
11. September	Jörg Zink, Gotteswahrnehmung, S. 173
12. September	Jörg Zink, Gotteswahrnehmung, S. 203
13. September	Jörg Zink, Gotteswahrnehmung, S. 205
14. September	Jörg Zink, Gotteswahrnehmung, S. 248
15. September	Jörg Zink, Gotteswahrnehmung, S. 253f.
16. September	Jörg Zink, Gotteswahrnehmung, S. 254
17. September	Jörg Zink, Gotteswahrnehmung, S. 276
18. September	Jörg Zink, Gotteswahrnehmung, S. 276
19. September	Jörg Zink, Gotteswahrnehmung, S. 292

20. September	Jörg Zink, Gotteswahrnehmung, S. 295
21. September	Jörg Zink, Wer glaubt, kann vertrauen, S. 24f.
22. September	Jörg Zink, Glauben heißt vertrauen, S. 98
23. September	Jörg Zink, Glauben heißt vertrauen, S. 117
24. September	Janusz Korczak, Das Recht des Kindes auf Achtung, S. 15
25. September	Janusz Korczak, Sämtliche Werke, Bd. 5, S. 219
26. September	Jörg Zink, Gotteswahrnehmung, S. 69
27. September	Jörg Zink, Gotteswahrnehmung, S. 69
28. September	Margot Käßmann, Mit Herzen, Mund und Händen, S. 61f.
29. September	Dietrich Bonhoeffer, DBW 6, 40
30. September	Dietrich Bonhoeffer, DBW 6, 40f.
1. Oktober	Dietrich Bonhoeffer, DBW 6, 43f.
2. Oktober	Karl Josef Wallner, Licht einer stillen Welt, S. 6
3. Oktober	Jörg Zink, Ruf in die Freiheit, S. 16
4. Oktober	Jörg Zink, Gotteswahrnehmung, S. 130
5. Oktober	Jörg Zink, Wer glaubt, kann vertrauen, S. 31f.
6. Oktober	Jörg Zink, Gotteswahrnehmung, S. 78
7. Oktober	Jörg Zink, Gotteswahrnehmung, S. 79
8. Oktober	Margot Käßmann, Mit Herzen, Mund und Händen, S. 37
9. Oktober	Dietrich Bonhoeffer, DBW 15, 532
10. Oktober	Dietrich Bonhoeffer, DBW 6, 276f.
11. Oktober	Dietrich Bonhoeffer, DBW 6, 277
12. Oktober	Dietrich Bonhoeffer, DBW 6, 278f.
13. Oktober	Dietrich Bonhoeffer, DBW 6, 279
14. Oktober	Dietrich Bonhoeffer, DBW 6, 279f.
15. Oktober	Jörg Zink, Ruf in die Freiheit, S. 29f.
16. Oktober	Jörg Zink, Ruf in die Freiheit, S. 30
17. Oktober	Jörg Zink, Ruf in die Freiheit, S. 23
18. Oktober	Karl Josef Wallner, Licht einer stillen Welt, S. 7f.
19. Oktober	Karl Josef Wallner, Licht einer stillen Welt, S. 8f.
20. Oktober	Margot Käßmann, Auf den Flügeln der Hoffnung, o. S.
21. Oktober	Margot Käßmann, Wurzeln, die uns Flügel schenken, S. 55
22. Oktober	Margot Käßmann, Wurzeln, die uns Flügel schenken, S. 22
23. Oktober	Margot Käßmann, Auf den Flügeln der Hoffnung, o. S.
24. Oktober	Dietrich Bonhoeffer, DBW 5, 71
25. Oktober	Martin Buber, Das dialogische Prinzip. Ich und Du, S. 15
26. Oktober	Martin Buber, Das dialogische Prinzip. Ich und Du, S. 76f.
27. Oktober	Margot Käßmann, Auf den Flügeln der Hoffnung, o. S.
28. Oktober	Margot Käßmann, Was im Leben trägt, o. S.
29. Oktober	Margot Käßmann, Was im Leben trägt, o. S.
30. Oktober	Margot Käßmann, Was im Leben trägt, o. S.
31. Oktober	Margot Käßmann, Was im Leben trägt, o. S.
1. November	Margot Käßmann, Mit Herzen, Mund und Händen, S. 134f.
2. November	Martin Buber, Das dialogische Prinzip. Ich und Du, S. 41
3. November	Jörg Zink, Ufergedanken, S. 148

4. November	Margot Käßmann, Auf den Flügeln der Hoffnung, o. S.
5. November	Jörg Zink, Ufergedanken, S. 130f.
6. November	Margot Käßmann, Auf den Flügeln der Hoffnung, o. S.
7. November	Dietrich Bonhoeffer, DBW 8, 38
8. November	Jörg Zink, Gotteswahrnehmung, S. 100f.
9. November	Margot Käßmann, Auf den Flügeln der Hoffnung, o. S.
10. November	Jörg Zink, Gotteswahrnehmung, S. 123
11. November	Jörg Zink, Gotteswahrnehmung, S. 173
12. November	Margot Käßmann, Auf den Flügeln der Hoffnung, o. S.
13. November	Martin Buber, Der Weg des Menschen nach der chassidischen Lehre, S. 14
14. November	Margot Käßmann, Mit Herzen, Mund und Händen, S. 171f.
15. November	Jörg Zink, Ufergedanken, S. 145
16. November	Janusz Korczak, Das Recht des Kindes auf Achtung, S. 26
17. November	Janusz Korczak, Das Recht des Kindes auf Achtung, S. 28f.
18. November	Jörg Zink, Gotteswahrnehmung, S. 131
19. November	Jörg Zink, Ruf in die Freiheit, S. 41
20. November	Jörg Zink, Wer glaubt, kann vertrauen, S. 25
21. November	Jörg Zink, Wer glaubt, kann vertrauen, S. 122
22. November	Jörg Zink, Gotteswahrnehmung, S. 132
23. November	Jörg Zink, Gotteswahrnehmung, S. 138f.
24. November	Jörg Zink, Gotteswahrnehmung, S. 200f.
25. November	Martin Buber, Der Weg des Menschen nach der chassidischen Lehre, S. 37f.
26. November	Jörg Zink, Wer glaubt, kann vertrauen, S. 115
27. November	Dietrich Bonhoeffer, DBW 15, S. 490f.
28. November	Martin Buber, Das dialogische Prinzip. Ich und Du, S. 87
29. November	Martin Buber, Das dialogische Prinzip. Ich und Du, S. 87f.
30. November	Martin Buber, Das dialogische Prinzip. Ich und Du, S. 111f.

1. Dezember	Margot Käßmann, Wie Gott die Menschen liebt, o. S.
2. Dezember	Margot Käßmann, Wie Gott die Menschen liebt, o. S.
3. Dezember	Margot Käßmann, Wie Gott die Menschen liebt, o. S.
4. Dezember	Margot Käßmann, Wie Gott die Menschen liebt, o. S.
5. Dezember	Margot Käßmann, Wie Gott die Menschen liebt, o. S.
6. Dezember	Margot Käßmann, Wie Gott die Menschen liebt, o. S.
7. Dezember	Margot Käßmann, Wie Gott die Menschen liebt, o. S.
8. Dezember	Margot Käßmann, Wie Gott die Menschen liebt, o. S.
9. Dezember	Margot Käßmann, Wie Gott die Menschen liebt, o. S.
10. Dezember	Dietrich Bonhoeffer, DBW 13, 340f.
11. Dezember	Dietrich Bonhoeffer, DBW 6, 70f.
12. Dezember	Dietrich Bonhoeffer, DBW 6, 71
13. Dezember	Dietrich Bonhoeffer, DBW 6, 71
14. Dezember	Dietrich Bonhoeffer, DBW 10, 533
15. Dezember	Dietrich Bonhoeffer, DBW 10, 533
16. Dezember	Dietrich Bonhoeffer, DBW 10, 529
17. Dezember	Dietrich Bonhoeffer, DBW 10, 529f.

18. Dezember	Dietrich Bonhoeffer, DBW 13, 339f.
19. Dezember	Dietrich Bonhoeffer, DBW 16, 373
20. Dezember	Dietrich Bonhoeffer, DBW 16, 634
21. Dezember	Dietrich Bonhoeffer, DBW 16, 634
22. Dezember	Dietrich Bonhoeffer, DBW 16, 634f.
23. Dezember	Margot Käßmann, Wie Gott die Menschen liebt, o. S.
24. Dezember	Margot Käßmann, Wie Gott die Menschen liebt, o. S.
25. Dezember	Margot Käßmann, Wie Gott die Menschen liebt, o. S.
26. Dezember	Jörg Zink, Ruf in die Freiheit, S. 166
27. Dezember	Jörg Zink, Gotteswahrnehmung, S. 112f.
28. Dezember	Jörg Zink, Gotteswahrnehmung, S. 113
29. Dezember	Dietrich Bonhoeffer, DBW 6, 74
30. Dezember	Dietrich Bonhoeffer, DBW 8, 30f.
31. Dezember	Dietrich Bonhoeffer, DBW 8, 607f.

Quellennachweis

Dietrich Bonhoeffer

Dietrich Bonhoeffer Werke (DBW), Bd. 5: Gemeinsames Leben. Das Gebetbuch der Bibel, hg. von Gerhard Ludwig Müller und Albrecht Schönherr, 2., durchgeseh. und aktualisierte Aufl. 2002, copyright © 1987 by Gütersloher Verlagshaus, Gütersloh, in der Verlagsgruppe Random House GmbH, München.

Dietrich Bonhoeffer Werke (DBW), Bd. 6: Ethik, hg. von Ilse Tödt, Heinz Eduard Tödt, Ernst Feil und Clifford Green, 2., überarb. Aufl. 1998, copyright © 1992 by Gütersloher Verlagshaus, Gütersloh, in der Verlagsgruppe Random House GmbH, München.

Dietrich Bonhoeffer Werke (DBW), Bd. 8: Widerstand und Ergebung. Briefe und Aufzeichnungen aus der Haft, hg. von Christian Gremmels, Eberhard Bethge und Renate Bethge in Zusammenarbeit mit Ilse Tödt, copyright © 1998 by Gütersloher Verlagshaus, Gütersloh, in der Verlagsgruppe Random House GmbH, München.

Dietrich Bonhoeffer Werke (DBW), Bd. 10: Barcelona, Berlin, Amerika 1928–1931, hg. von Reinhart Staats und Hans Christoph von Hase in Zusammenarbeit mit Holger Roggelin und Matthias Wünsche, 2., durchgeseh. und aktualisierte Aufl. 2005, copyright © 1992 by Gütersloher Verlagshaus, Gütersloh, in der Verlagsgruppe Random House GmbH, München.

Dietrich Bonhoeffer Werke (DBW), Bd. 13: London 1933–1935, hg. von Hans Goedeking, Martin Heimbucher und Hans Walter Schleicher, copyright

© 1994 by Gütersloher Verlagshaus, Gütersloh, in der Verlagsgruppe Random House GmbH, München.
Dietrich Bonhoeffer Werke (DBW), Bd. 15: Illegale Theologenausbildung: Sammelvikariate 1937–1940, hg. von Dirk Schulz, copyright © 1998 by Gütersloher Verlagshaus, Gütersloh, in der Verlagsgruppe Random House GmbH, München.
Dietrich Bonhoeffer Werke (DBW), Bd. 16: Konspiration und Haft 1940–1945, hg. von Jørgen Glenthøj, Ulrich Kabitz und Wolf Krötke, copyright © 1996 by Gütersloher Verlagshaus, Gütersloh, in der Verlagsgruppe Random House GmbH, München.

Martin Buber

Martin Buber: Das dialogische Prinzip. Ich und Du. Zwiesprache. Die Frage an den Einzelnen. Elemente des Zwischenmenschlichen. Zur Geschichte des dialogischen Prinzips, 12. Auflage, Gütersloh 2012, copyright © 1986 by Gütersloher Verlagshaus, Gütersloh, in der Verlagsgruppe Random House GmbH, München.
Martin Buber: Der Weg des Menschen nach der chassidischen Lehre, 10. Auflage, Gütersloh 2010, copyright © 1960 by Gütersloher Verlagshaus, Gütersloh, in der Verlagsgruppe Random House GmbH, München.

Anselm Grün

Anselm Grün: Im Menschen lebt eine Sehnsucht. Die Weisheit des Pilgerns, Gütersloher Verlagshaus, Gütersloh, in der Verlagsgruppe Random House GmbH, München 2009, copyright © by Anselm Grün.
Anselm Grün: Von Wahrheit und Wahrhaftigkeit, 2. Aufl. 2010, copyright © 2009 by Gütersloher Verlagshaus, Gütersloh, in der Verlagsgruppe Random House GmbH, München.

Margot Käßmann

Margot Käßmann: Auf den Flügeln der Hoffnung, 4. Aufl. 2011, copyright © 2006 by Gütersloher Verlagshaus, Gütersloh, in der Verlagsgruppe Random House GmbH, München.
Margot Käßmann: Mit Herzen, Mund und Händen. Spiritualität im Alltag leben, 3. Aufl. 2010, copyright © 2007 by Gütersloher Verlagshaus, Gütersloh, in der Verlagsgruppe Random House GmbH, München.
Margot Käßmann: Was im Leben trägt, 3. Aufl. 2011, copyright © 2008 by Gütersloher Verlagshaus, Gütersloh, in der Verlagsgruppe Random House GmbH, München.
Margot Käßmann: Wie Gott die Menschen liebt. Gedanken zu Advent und Weihnachten, 2. Aufl. 2010, copyright © 2010 by Gütersloher Verlagshaus, Gütersloh, in der Verlagsgruppe Random House GmbH, München.
Margot Käßmann: Wurzeln, die uns Flügel schenken, 3. Aufl. 2007, copyright © 2005 by Gütersloher Verlagshaus, Gütersloh, in der Verlagsgruppe Random House GmbH, München.

Janusz Korczak

Janusz Korczak: Das Recht des Kindes auf Achtung/Fröhliche Pädagogik, 4. Auflage, Gütersloh 2011, copyright © 2002 by Gütersloher Verlagshaus, Gütersloh, in der Verlagsgruppe Random House GmbH, München.

Janusz Korczak: Sämtliche Werke, Bd. 3: Bobo. Die verhängnisvolle Woche. Beichte eines Schmetterlings. Wenn ich wieder klein bin. Lebensregeln. Über die Einsamkeit, copyright © 2000 by Gütersloher Verlagshaus, Gütersloh, in der Verlagsgruppe Random House GmbH, München.

Janusz Korczak: Sämtliche Werke, Bd. 5: Der Frühling und das Kind. Allein mit Gott. Unverschämt kurz. Senat der Verrückten. Die Menschen sind gut. Drei Reisen Herscheks. Kinder der Bibel: Mose, copyright © 1997 by Gütersloher Verlagshaus, Gütersloh, in der Verlagsgruppe Random House GmbH, München.

Janusz Korczak: Sämtliche Werke, Bd. 6: Geschichten und Erzählungen. Belehrungen und Betrachtungen. Die Schweizreise, copyright © 2000 by Gütersloher Verlagshaus, Gütersloh, in der Verlagsgruppe Random House GmbH, München.

Odilo Lechner

Odilo Lechner, in: Odilo Lechner/Michael Langer (Hg.): Mystik der Christen. Ein Jahreslesebuch, Gütersloher Verlagshaus, Gütersloh, in der Verlagsgruppe Random House GmbH, München 2010, copyright © by Odilo Lechner.

Karl Josef Wallner

Karl Josef Wallner: Licht einer stillen Welt. Das Geheimnis klösterlichen Lebens, copyright © 2010 by Gütersloher Verlagshaus, Gütersloh, in der Verlagsgruppe Random House GmbH, München.

Jörg Zink

Jörg Zink: Glauben heißt vertrauen, copyright © 2009 by Gütersloher Verlagshaus, Gütersloh, in der Verlagsgruppe Random House GmbH, München.

Jörg Zink: Gotteswahrnehmung. Wege religiöser Erfahrung, 2. Auflage, Gütersloh 2010, copyright © 2009 by Gütersloher Verlagshaus, Gütersloh, in der Verlagsgruppe Random House GmbH, München.

Jörg Zink: Ruf in die Freiheit. Entwurf einer zukunftsfähigen christlichen Ethik, copyright © 2007 by Gütersloher Verlagshaus, Gütersloh, in der Verlagsgruppe Random House GmbH, München.

Jörg Zink: Ufergedanken, 3. Auflage 2010, copyright © 2007 by Gütersloher Verlagshaus, Gütersloh, in der Verlagsgruppe Random House GmbH, München.

Jörg Zink: Wer glaubt, kann vertrauen. Eine Einführung in den christlichen Glauben, 2. Auflage, Gütersloh 2006, copyright © 2006 by Gütersloher Verlagshaus, Gütersloh, in der Verlagsgruppe Random House GmbH, München.